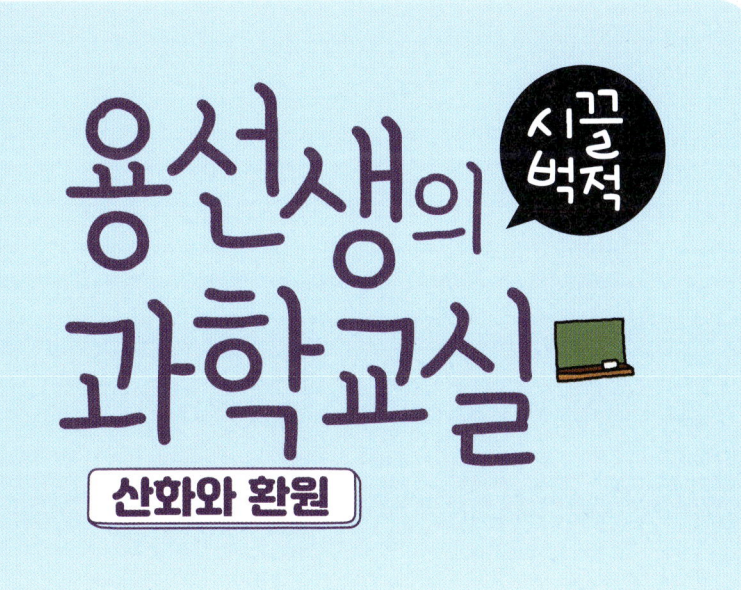

사회평론

글 사회평론 과학교육연구소
대학에서 오랫동안 과학을 연구한 전문가들이 모여, 우리 아이들이 쉽고 재미있게 공부할 수 있는 책을 만들고 있습니다.

글 천지혜
건국대학교 화학과를 졸업하고, 한국교원대학교 화학교육과 대학원에서 석사 과정에 있습니다. 현재 수명고등학교에서 화학 교사로 근무하고 있습니다. 과학 교사 연구 모임인 '사랑의 과학나눔터'에서 활동하며 학생들에게 화학의 즐거움을 전달하기 위해 노력하고 있습니다.

글 설정민 (사회평론 과학교육연구소 연구원)
서울대학교 생물학과를 졸업하고 같은 대학교 대학원에서 석사 학위를 받은 뒤 박사 과정을 수료하였습니다. 아이에게 과학을 쉽고 재미있게 얘기해 주려 노력하다 보니 어린이를 위한 책을 만드는 일에도 관심을 가지게 되었습니다. 현재 사회평론 과학교육연구소 연구원으로 과학책을 만들고 있습니다.

글 김형진 (사회평론 과학교육연구소 연구원)
연세대학교 천문대기과학과를 졸업하고 같은 대학교 대학원에서 석사, 박사 학위를 받았습니다. 과학자를 꿈꾸는 아이들에게 올바른 과학 개념과 과학적 태도를 함께 키울 수 있는 방법을 전달하기 위해 노력하고 있습니다. 현재 사회평론 과학교육연구소 연구원으로 과학책을 만들고 있습니다.

글 이명화 (사회평론 과학교육연구소 연구원)
서울대학교 물리교육과를 졸업하고 같은 대학교 대학원에서 석사, 박사 학위를 받았습니다. 10여 년간 중학교에서 과학을 가르쳤으며, 미국 아리조나 주립대에서 물리학으로 박사 학위를 받고 독일, 미국, 영국에서 연구원으로 근무하였습니다. 쉽고 재미있는 과학책을 쓰는 일에 관심을 갖고 있으며, 현재 사회평론 과학교육연구소 연구원으로 과학책을 만들고 있습니다.

글 이현진 (사회평론 과학교육연구소 연구원)
상명대학교에서 생물학과를 졸업하고 열린사이버대학교에서 심리학을 공부했습니다. 서울의대유전체의학연구소에서 연구원으로 있었으며, 와이즈만영재교육연구소와 아이스크림미디어에서 다수의 과학콘텐츠를 개발했습니다. 현재 사회평론 과학교육연구소 연구원으로 과학책을 만들고 있습니다.

그림 김인하
시각디자인을 전공하고 1999년 월간지에 만화를 연재하며 작품 활동을 시작하였습니다. 《건방진 우리말 달인》, 《똑똑한 어린이 대화법》 등에 그림을 그렸습니다. 이 책을 읽는 어린이들의 밝은 미래를 기원합니다.

그림 뭉선생
2004년 LG 동아 국제만화 공모전에 입상하며 작품 활동을 시작했습니다. 그린 책으로 《조지의 우주를 여는 비밀 열쇠》 시리즈, 《용선생 만화 한국사》 시리즈, 《용선생 처음 한국사》 시리즈, 《용선생 처음 세계사》 시리즈 등이 있습니다.

그림 윤효식
2002년 《소년 챔프》에 〈신검〉으로 데뷔하여 어린이에게 유익한 학습 만화를 그리고 있습니다. 그린 책으로 《마법천자문 사회원정대》 시리즈, 《용선생 만화 한국사》 시리즈, 《용선생 처음 한국사》 시리즈, 《용선생 처음 세계사》 시리즈 등이 있습니다.

감수 노석구
서울대학교 화학교육과를 졸업하였으며 같은 대학교 대학원에서 석사, 박사 학위를 받았습니다. 한국교육개발원 연구원을 거쳐 현재 경인교육대학교 과학교육과 교수로 재직 중입니다. 집필한 책으로 《초등과학 교수 학습 지도안 작성을 위한 수업컨설팅》, 《놀이를 활용한 신나는 교실 수업》 외 다양한 과학 교과서와 지도서 등이 있습니다.

캐릭터 이우일
홍익대학교에서 시각디자인을 공부한 만화가입니다. 그림책 작가인 아내 선현경, 딸 은서, 고양이 카프카와 함께 그림을 그리고 글을 쓰며 살고 있습니다. 지은 책으로 《우일우화》, 《옥수수빵파랑》, 《좋은 여행》, 《고양이 카프카의 고백》 등이 있고, 그린 책으로 《노빈손》 시리즈, 《용선생의 시끌벅적 한국사》 시리즈, 《교양으로 읽는 용선생 세계사》 시리즈 등이 있습니다.

용선생의 시끌벅적 과학교실

산화와 환원

글 사회평론 과학교육연구소·천지혜 | 그림 김인하·뭉선생·윤효식 | 감수 노석구 | 캐릭터 이우일

고마운 산소의
또 다른 얼굴은?

사회평론

프롤로그

여러분, 안녕? 과학반을 맡은 용선생이야. 내 명성은 익히 들어 봤겠지? 역사반과 세계사반을 모두 훌륭하게 성공시키며 방과 후 교실 최고의 인기 교사가 된 그 용선생이란다. 교장 선생님께서 특별히 부탁하셔서 이번에는 과학반을 맡게 되었어. 어찌나 사정을 하시던지 도무지 거절할 수가 없었지 뭐야. 그래서 이 몸이 깜짝 놀랄 수업을 준비했단다.

우리의 수업은 언제나 질문과 함께 출발해. 세상을 둘러보다가 누군가 "저건 왜 그래요?" 하고 질문하면 바로 그 순간 수업이 시작되는 거지. 이제부터 용선생의 시끌벅적 과학교실을 제대로 즐기는 방법을 하나씩 알려 줄게.

첫째, 과학반 친구들과 함께 호기심을 갖고 질문해 봐. 과학을 어렵게만 생각하지 말고, 매 교시마다 아이들이 어떤 호기심을 가지는지 관심을 가져 봐. 과학반 친구들과 함께 '왜 그럴까?', '어떻게 알아낼 수 있을까?' 고민하다 보면 어렵던 과학도 쉽게 느껴질 거야.

둘째, 어려운 내용은 사진과 그림으로 이해해 봐. 어려운 과학 개념과 원리를 한 장의 사진이나 그림을 통해 단숨에 이해할 수도 있어. 그래서 너희를 위해 사진과 그림을 많이 준비했단다. 글을 읽다가 어렵다 싶으면 옆에 있는 사진과 그림을 봐. 잘 이해되지 않던 내용이 틀림없이 술술 이해될 거야.

셋째, 배운 내용을 되새기며 머릿속에 정리해 봐. 왁자지껄한 수업을 마치고 나면 뭘 배웠는지 정리가 안 될 때도 있을 거야. 그럴 때를 대비해 중간중간 핵심 정리를 준비했어. 또 배운 내용을 4컷 만화로 재미있게 요약해 두었지. 게다가 교시가 끝날 때마다 나선애의 정리노트도 마련했단다. 이 정도면 학습 정리는 문제없겠지?

과학은 분야도 다양하고 배울 내용도 아주 많아. 쉽게 이해할 수 있는 부분도 있지만, 여러 번 곰곰이 생각해 봐야 알 수 있는 부분도 있지. 이 책을 여러 번 다시 읽다 보면 구석구석 빠짐없이 모두 이해될 거야.

자, 이제 용선생의 시끌벅적 과학교실을 제대로 즐길 준비가 됐겠지? 그럼 신나는 수업을 시작해 볼까?

차례 | 산화와 환원

1교시 | 산화 반응과 환원 반응

산소는 어떤 일을 하지?

- 산소의 성질은? … 13
- 결합한 산소를 떼어 내면? … 15
- 동시에 일어나! … 18

- 나선애의 정리 노트 … 22
- 과학퀴즈 달인을 찾아라! … 23

교과연계
초 6-1 여러 가지 기체 | 초 6-2 연소와 소화

3교시 | 연소와 소화

불은 어떻게 붙을까?

- 불이 붙기 위한 조건은? … 45
- 불이 붙기 위한 마지막 조건 … 48
- 불이 꺼지는 까닭은? … 52

- 나선애의 정리노트 … 58
- 과학퀴즈 달인을 찾아라! … 59
- 용선생의 과학 카페 … 60
  - 꺼지지 않는 불

교과연계
초 6-1 여러 가지 기체 | 초 6-2 연소와 소화

2교시 | 우리 주변의 산화 반응

산소의 두 얼굴은?

- 그을린 그림을 되살리려면? … 27
- 산화 반응 때문에 괴로워! … 30
- 산화 반응이 나쁘지만은 않아! … 32
- 산화 반응을 이렇게도 이용해 … 34

- 나선애의 정리노트 … 38
- 과학퀴즈 달인을 찾아라! … 39
- 용선생의 과학 카페 … 40
  - 여기저기서 산화가 일어나!

교과연계
초 6-1 여러 가지 기체 | 초 6-2 연소와 소화

4교시 | 연소와 연소 생성물

태울 때 새로 생기는 건?

태우면 무슨 일이 일어날까? … 65
덜 타면 무슨 일이 일어날까? … 69
완전 연소를 일으키려면? … 72

나선애의 정리노트 … 76
과학퀴즈 달인을 찾아라! … 77
용선생의 과학 카페 … 78
  - 매연 대신 물이 나오는 자동차

교과연계
초 6-1 여러 가지 기체 | 초 6-2 연소와 소화

6교시 | 금속의 부식과 방지

금속이 녹스는 걸 막으려면?

녹슬지 않는 금속이 있을까? … 97
금속끼리 합치면? … 101
부식을 막는 더 간단한 방법은? … 104

나선애의 정리노트 … 106
과학퀴즈 달인을 찾아라! … 107
용선생의 과학 카페 … 108
  - 산소를 발견한 과학자는 누구?

교과연계
초 6-1 여러 가지 기체 | 초 6-2 연소와 소화

5교시 | 우리 주변의 환원 반응

고려청자가 만들어진 비결은?

고려청자가 탄생하는 가마는? … 83
가마 안에서 어떤 일이? … 86
우리 몸에서도 환원 반응이? … 89

나선애의 정리노트 … 92
과학퀴즈 달인을 찾아라! … 93

교과연계
초 6-1 여러 가지 기체 | 초 6-2 연소와 소화

가로세로 퀴즈 … 110
교과서 속으로 … 112

찾아보기 … 114
퀴즈 정답 … 115

등장인물

용쏜다 용써!
용선생

체력 ★★★
지력 ★★★★★
감성 ★★★
호기심 ★★★★★
유머 ★★

열정이 가득한 과학 선생님. 하늘을 향해 거침없이 솟은 머리카락과 삐죽삐죽한 수염이 매력 포인트. 생생한 과학 수업을 하기 위해 물불을 가리지 않는다.

장하다 장해!
장하다

체력 ★★★★★
지력 ★
감성 ★★★★
호기심 ★★★★★
유머 ★★★★

'튼튼하게만 자라 다오.'라는 아버지의 소원대로 튼튼하게 자랐다. 성격은 일등, 성적은 비밀이다. 시험을 못 봐도 씩씩하고 엉뚱한 질문으로 수업에 활력을 준다.

오늘도 나선다!
나선애

체력 ★★★★
지력 ★★★★
감성 ★★★
호기심 ★★★★★
유머 ★★★

과학자를 꿈꾸는 우등생. 공부도 잘하고 아는 게 많아서 모든 일에 앞장서는 타입이다. 겉으로는 차가워 보이지만 내심 따뜻한 면도 가지고 있다. 전혀 티가 안 나서 그렇지.

잘난 척 대장
왕수재

체력 ★★★
지력 ★★★★
감성 ★
호기심 ★★★★★
유머 ★

세상에서 자기가 제일 잘난 줄 안다. '천재는 외로운 법이고 질투의 대상인 법'이라나. 친구들에게 깐족거리는 데에도 천재적이다. 그래도 수업에는 늘 적극적으로 참여한다.

낭만 가득
허영심

체력 ★★★★★
지력 ★★★
감성 ★★★★★
호기심 ★★★★★
유머 ★★

감성이 풍부해도 너무 풍부하다. 떨어지는 낙엽이나 밤하늘의 별을 보며 눈물짓고, 조그만 벌레와 대화를 나누는 사차원 성격. 하지만 누구보다 정이 많고 낭만적이다.

과학반 귀염둥이
곽두기

체력 ★★★
지력 ★★★★
감성 ★★★★
호기심 ★★★★★
유머 ★★★★

형과 누나들의 귀여움을 독차지하는 과학반 막내. 나이도 가장 어리고 타고난 동안이라 언뜻 보면 유치원생 같다. 훈장 할아버지 덕에 어려운 단어를 줄줄 꿰고 있다.

우리를 찾아봐!

산소
다른 물질과 결합해 산화 반응을 일으켜.

이산화 탄소
탄소 한 개와 산소 두 개가 결합한 물질로, 연소가 일어날 때 생겨.

일산화 탄소
탄소 한 개와 산소 한 개가 결합한 물질로, 탈 물질이 불완전 연소할 때 생겨.

철
생활용품, 자동차, 비행기 등을 만드는 데 쓰이는 금속으로, 산소와 결합하면 산화 철이 돼.

구리
전선, 수도관, 건축 재료 등에 쓰이는 금속으로, 산소와 결합하면 산화 구리가 돼.

불
물질이 산소와 반응해 빛과 열을 내며 타는 현상이야.

"왕수재! 그게 뭐야?"

"산소 캔이라는 거야. 산소를 마시면 집중력이 좋아져서 공부가 더 잘된대."

"에이, 설마 그럴 리가."

용선생은 아웅다웅하는 아이들에게 말했다.

"좁고 닫힌 곳에 오래 있다 보면 산소가 부족해져. 그러면 집중력이 떨어지고 기분이 가라앉기도 하지. 이럴 때 산소를 들이마시는 거야. 물론 문을 열어 공기를 바꿔 주면 더 좋겠지만."

"오, 산소를 마시면 기분이 좋아지나요?"

"그럼! 산소는 우리가 숨 쉬게 해 주는 것 말고도 많은 일을 해. 우리에게 좋은 일도 하고 나쁜 일도 하지."

"또 어떤 일을 하는데요?"

산소의 성질은?

"먼저 산소의 성질을 알면 산소가 어떤 일을 하는지 알기 쉬울 거야. 산소는 다른 물질에 달라붙는 걸 좋아해. 물질이 달라붙어 서로 합치는 걸 결합한다고 말하는데, 산소는 다른 물질과 결합해서 새로운 물질이 된단다."

"어떤 새로운 물질이요?"

"예를 들어 산소와 철이 결합하여 화학 반응을 하면 '녹'이라는 새로운 물질이 생겨."

"녹슬었다고 말할 때의 그 녹이요?"

"그래, 바로 그 녹이야. 이렇게 물질이 산소와 결합해서 새로운 물질로 변하는 걸 산화 반응이라 해. 철이 산화 반응 해서 녹이 된 거지."

"철이 녹스는 게 산소 때문이었군요!"

"맞아. 그렇다고 산소가 녹만 만드는 건 아니야."

"그럼 녹 말고 다른 것도 만드나요?"

> **나선애의 과학 사전**
>
> **화학 반응** 어떤 물질이 혼자서 또는 다른 물질을 만나 성질이나 구조가 달라져서 원래 물질과는 다른 새로운 물질로 변하는 걸 말해. 줄여서 '반응'이라고도 하지.

▲ 산소와 결합하기 전의 철

▲ 산소와 결합한 후 녹슨 철

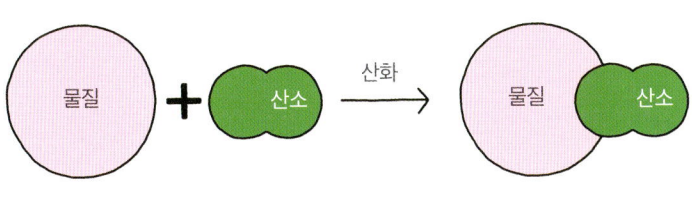
▲ 산화 반응

"그렇지. 심지어 결합하는 물질을 눈에 보이지 않는 물질로 바꿀 수도 있어."

"아니, 어떻게요?"

"불태우는 거지. 산소는 나무나 종이 같은 물질에도 달라붙어서 열과 빛을 내면서 불타게 한단다."

"와, 불타는 것도 산소가 달라붙어서 그런 거군요."

"그래. 녹스는 것, 불타는 것 모두 산화 반응이야. 물론 다양한 종류의 산화 반응이 있지만 이 두 가지가 대표적이니까 잘 알아 두렴."

"네, 산소가 달라붙으면 녹이 슬거나 불타오른다!"

산소가 물질과 결합해 새로운 물질로 변하는 걸 산화 반응이라고 해.

 ## 결합한 산소를 떼어 내면?

"산화 반응과는 반대로 산소와 결합해 있던 물질이 산소를 잃기도 해. 이것을 환원 반응이라고 하지."

"물질이 산소를 잃는다고요? 산소가 떨어져 나간다는 건가요?"

나선애가 묻자 용선생이 고개를 끄덕였다. 그러자 이번엔 장하다가 물었다.

"근데 산소는 결합하는 걸 좋아한다면서요?"

"하하, 맞아. 하나씩 생각해 보자. 우선 다른 물질에 달라붙어 반응하려는 성질을 '반응성'이라고 해. 산소는 반응성이 아주 강하지. 그래서 다른 물질과 결합해 있는 산소가 자연적으로 떨어져 나오는 경우는 거의 없어."

"그럼 어떻게 해야 산소가 떨어져 나오는데요?"

"환원 반응을 일으키는 실험을 통해 물질에서 산소를 떼어 낼 수 있어. 직접 실험을 해서 산소가 어떻게 떨어져 나오는지 알아보자."

용선생은 실험 장치를 설치했다.

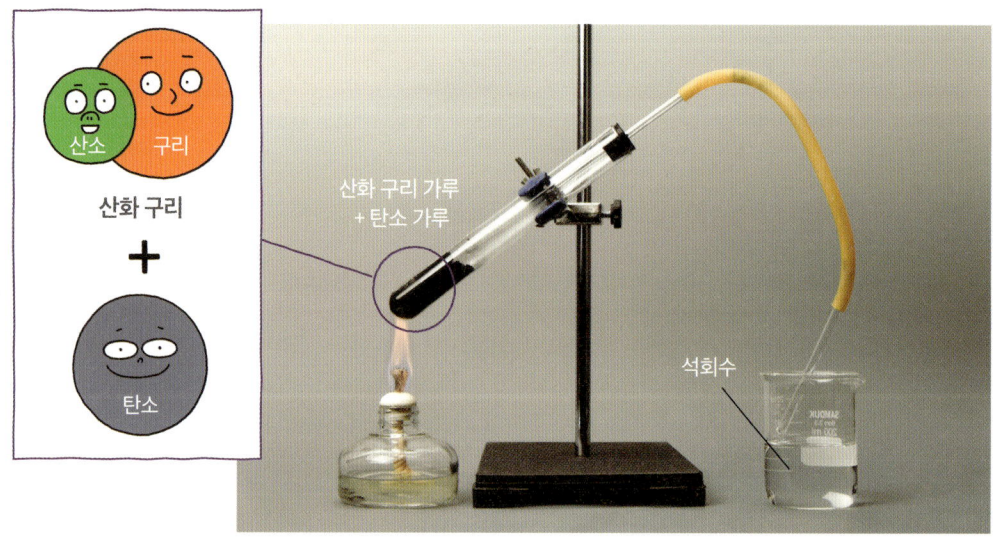

"시험관 안에는 검은색 산화 구리 가루와 검은색 탄소 가루가 들어 있어. 산화 구리는 구리라는 금속이 산소와 붙어 있는 상태지. 이 산소를 떼어 내기 위해 산화 구리 가루에 탄소 가루를 섞어서 가열할 거야. 어떤 일이 일어나는지 잘 관찰해 보렴."

아이들은 숨죽이고 실험을 지켜보았다.

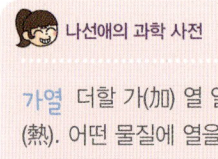

나선애의 과학 사전

가열 더할 가(加) 열 열(熱). 어떤 물질에 열을 가하여 덥히는 걸 말해.

▲ 붉은색으로 변한 산화 구리 가루　　▲ 공기 방울이 생긴 석회수

"검은색이었던 가루가 붉은색으로 변하고 있어요!"

"석회수에서는 보글보글 공기 방울이 생기고요!"

"그래, 잘 관찰했어. 사실 산소와 결합하지 않은 구리 자체는 원래 붉은색이야. 구리가 공기 중의 산소를 만나 결합해서 검은색 산화 구리가 된 거지."

"아하! 그래서 산화 구리 가루가 검은색이었군요?"

"그렇지. 이 실험에서 산화 구리는 탄소와 함께 가열되면서 붉은색으로 변했어. 산화 구리에 어떤 일이 일어났는지 알겠니?"

"검은색 산화 구리가 붉은색으로 변했으니까, 다시 원래의 구리가 된 건가요?"

"맞아. 산화 구리에서 산소가 떨어져 나가 구리가 되었

지. 이게 바로 산화 구리가 환원된 거란다."

장하다가 이마를 찡그리며 물었다.

"그러면 산화 구리에서 떨어져 나간 산소는 어디로 갔어요?"

핵심정리

산소와 결합한 물질이 산소를 잃는 반응을 환원 반응이라고 해.

 ## 동시에 일어나!

"그건 이 석회수의 색이 변한 것과 관련이 있어. 석회수는 이산화 탄소를 만나면 뿌옇게 변하는 성질이 있거든."

용선생이 가리키는 석회수를 보며 허영심이 말했다.

"그리고 보니 석회수에 공기 방울이 생기면서 색이 뿌옇게 변했어요."

"맞아. 그건 이 실험에서 이산화 탄소가 생겼다는 뜻이지. 자, 그렇다면 이산화 탄소는 어떻게 해서 생겼을까?"

아이들이 대답을 못 하자 용선생이 웃으며 말했다.

"힌트를 줄게. 산화 구리에서 산소를 떼어 내기 위해 탄소 가루를 함께 넣었다고 했지?"

"어, 혹시 산소랑 탄소가 만난 건가요?"

"바로 그거야. 이 실험에서 생긴 이산화 탄소는 산화 구리에서 떨어져 나온 산소가 탄소와 결합한 거란다."

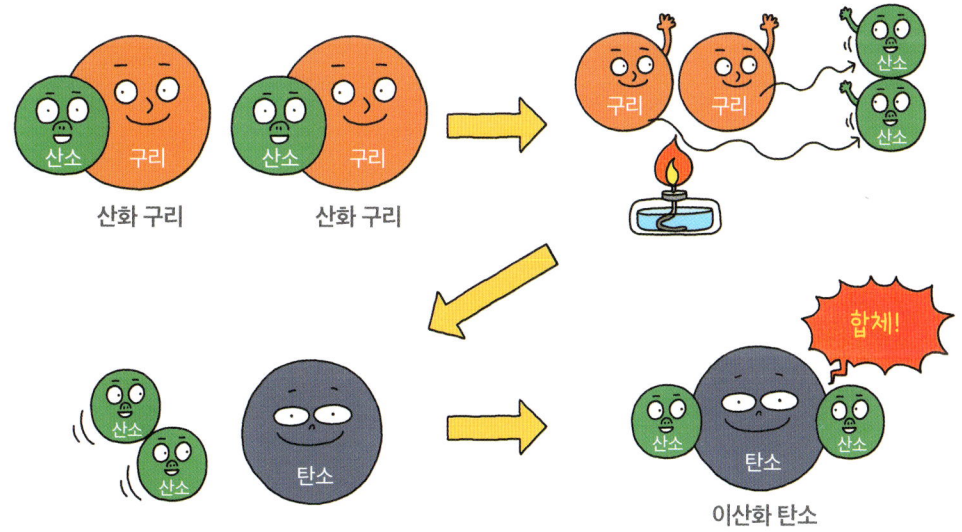

▲ 산화 구리의 환원 반응 실험에서 일어나는 일

나선애가 손을 들고 물었다.

"산소와 탄소가 결합했다고요? 그러면 탄소가 산화된 거 아니에요?"

"오, 정확해! 산화 구리가 산소를 잃고 환원될 때 탄소는 산소를 얻어 산화된 거지. 이렇게 산화 반응과 환원 반응은 항상 동시에 일어난단다."

"그럼 산화 구리랑 탄소뿐 아니라 다른 물질들에서도 항상 산화 반응과 환원 반응이 동시에 일어나나요?"

두 가지 반응이 동시에 일어나!

산화 구리 → 구리 + 산소 (환원 반응)

산소 + 탄소 → 이산화 탄소 (산화 반응)

"물론이야. 산화 반응과 환원 반응이 동시에 일어나는 원리를 이용해 우리 생활에 필요한 철 제품도 만들지."

▼ 제철소에서 철을 만드는 과정

용선생은 제철소 사진을 띄우며 말을 이었다.

"자연에서 철은 산화된 상태로만 존재해. 이것을 '산화 철'이라고 부르지. 산화 철은 너무 물러서 그대로 사용할 수 없고, 산소를 떼어 내야 단단한 철이 돼. 그래서 제철소에서는 산화 철에 탄소를 넣고 가열하여 환원시키지."

"어? 방금 했던 산화 구리 환원 실험과 비슷하네요."

"맞아. 그런데 산화 철은 우리가 실험했던 것보다 훨씬 더 높은 온도로 가열해야 산소를 떼어 낼 수 있어. 제철소에서는 이런 과정을 통해 산화 철을 단단한 금속 철로 만들어 낸단다."

곽두기가 고개를 끄덕이며 말했다.

"산화 반응이랑 환원 반응은 꼭 짝꿍 같아요. 둘이 항상 같이 일어나잖아요."

"하하, 듣고 보니 그렇구나. 앞으로 짝꿍인 산화 반응과 환원 반응에 대해 더 자세히 알아보자고! 오늘 수업은 여기까지!"

핵심정리

산화 반응과 환원 반응은 항상 동시에 일어나.

나선애의 정리노트

1. 산화 반응
① 어떤 물질이 ⓐ [　　] 와 결합하는 반응

예) ⓑ [　　] 이 **녹슮**.
물질이 **불탐**.

② 산소와 결합한 물질은 새로운 물질이 됨.

2. ⓒ [　　] 반응
① 어떤 물질에서 산소가 떨어져 나가는 반응

예) ⓓ [　　] 에서 산소가 떨어져 나와 구리가 됨.
산화 철에서 산소가 떨어져 나와 철이 됨.

② 자연적으로 잘 일어나지 않음.

3. 산화 반응과 환원 반응
· 항상 ⓔ [　　] 에 일어남.

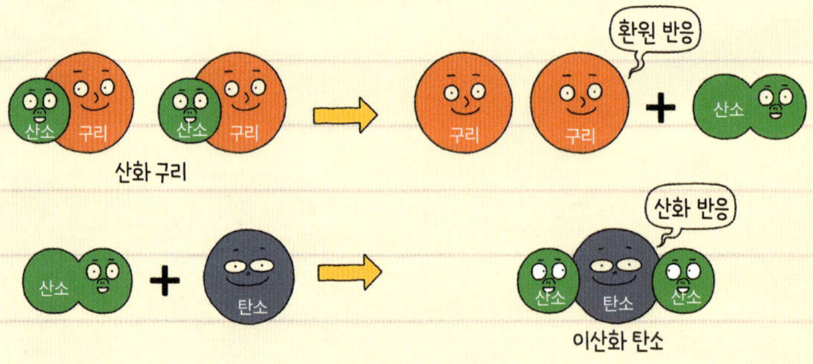

ⓐ 산소 ⓑ 철 ⓒ 환원 ⓓ 산화 구리 ⓔ 동시

과학퀴즈 달인을 찾아라!

●정답은 115쪽에

01

친구들이 이번 시간에 배운 내용에 대해 이야기하고 있어. 옳으면 O, 옳지 않으면 X를 표시해 줘.

① 종이가 불타는 건 산화 반응이야. (   )
② 산소는 반응성이 약해서 물질에서 잘 떨어져. (   )
③ 산화 구리를 탄소와 함께 가열하면 환원시킬 수 있어. (   )

02

다음 보기 의 문장 속 괄호에 들어갈 말을 순서대로 이으면 어떤 모양이 나온대. 정답을 찾아서 어떤 모양이 나오는지 그려 봐.

> 보기
>
> 산화 구리에 (   ) 가루를 넣고 가열하면 (   )시킬 수 있는데, 이때 (   )가 탄소 가루에 달라붙어 이산화 탄소가 생기는 (   ) 반응도 동시에 일어난단다.

2교시 | 우리 주변의 산화 반응

산소의 두 얼굴은?

우아! 달걀프라이 맛있겠다!

근데 프라이팬이 까맣게 탔는데?

"선생님, 뭐하고 계세요?"

"응, 실험에 쓴 유리병을 닦고 있어."

"헉! 유리병이 왜 이렇게 시커메요?"

"그을음이 잔뜩 묻었거든."

그러자 허영심이 안타까운 표정을 지으며 말했다.

"그을음은 닦기 힘들지 않나요?"

"오, 영심이는 그걸 어떻게 알았어?"

"우리 엄마가 그러셨어요. 프라이팬이 새까맣게 그을리니까 원래대로 돌려놓기가 무척 힘들었다고요. 수세미로 박박 문질러 닦아야 한대요."

"맞아. 근데 산소를 이용해서 그을음을 없애는 방법이 있다는 거 아니?"

아이들은 눈을 크게 뜨며 물었다.

"산소로 그런 것도 할 수 있어요?"

그을린 그림을 되살리려면?

"그럼. 불이 나서 그을음이 묻은 그림을 **복원**할 때 산소를 이용해. 지난 시간에 배운 산화 반응을 일으키는 거지."

"그림을 복원하는 데 산화 반응을 이용한다고요?"

"맞아. 먼저 특수한 장치를 써서 공기 중의 산소보다 반응성이 더 강한 산소를 만들어. 그 산소는 보통의 산소보다 물질에 달라붙으려는 성질이 강해. 그걸 그을음이 묻은 그림에 쏘는 거야. 그러면 그을음이 사라지지."

"어떻게 해서 그을음이 사라지는 거예요?"

"그을음은 주로 탄소로 이루어져 있어. 그을음에 반응성이 강한 산소를 쏘면 탄소가 산소와 결합해서 산화 반응을 일으켜. 탄소가 산소와 만나 이산화 탄소가 되는 거지. 그럼 그을음은 기체인 이산화 탄소로 변해서 사라진단다."

곽두기가 눈을 크게 뜨며 물었다.

"그러다 그림에 있는 물감까지 산화돼서 변하는 거 아니에요?"

"걱정 마. 물감은 이미 충분히 산화되어 있는 상태라 더 이상 산화 반응을 일으

복원 돌아갈 복(復) 처음 원(元). 어떤 물건을 원래의 상태로 되돌리는 것을 말해.

▲ 그을음이 묻은 그림(왼쪽)과 복원 후의 그림(오른쪽) (미국 NASA 소장)

키지 않아. 그래서 물감은 그대로 있고 그림에 묻어 있던 그을음만 감쪽같이 사라지게 돼. 어때, 신기하지?"

"네! 산화 반응을 이렇게 쓴다니 신기하네요."

"사실 산화 반응을 이용해 그림을 복원하는 건 아주 특별한 경우야. 오히려 산화 반응 때문에 그림이 손상되는 경우가 많지. 그림을 그릴 때 사용하는 종이와 천은 산화 반응으로 누렇게 변하거나 약해져서 찢어지기도 하거든."

"정말요? 그래서 오래된 책들이 다 누런 거였군요."

용선생은 새로운 사진을 띄웠다.

"이 그림과 책을 보렴. 오랜 세월에 걸쳐 산화 반응이 일

▲ 〈적벽의 뱃놀이〉 1400년대에 그려진 그림이야. 산화 반응으로 천이 누래지고 물감이 떨어져 나갔어.

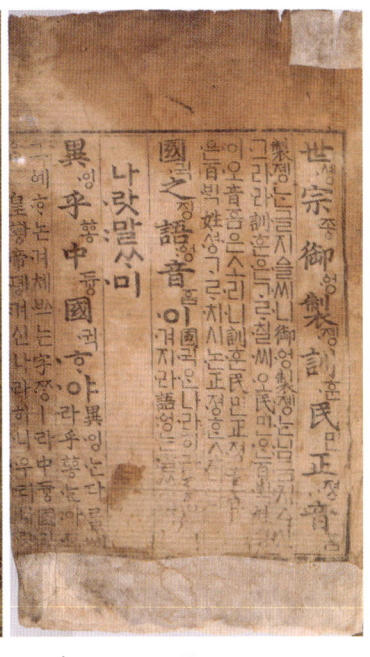
▲ 《훈민정음 언해본》 1459년에 쓰인 책이야. 산화 반응으로 종이가 해진 곳에 다른 종이를 덧붙여 놓았어.

어나서 색이 누렇게 변했지? 어떤 곳은 물감이 떨어져 나가서 그림이나 글씨를 알아보기 어렵고 말이야. 그래서 박물관 같은 곳에서는 오래된 작품들이 더 이상 손상되지 않게 산소가 없는 곳에 보관하기도 한단다."

"산소로 피해를 되돌리기도 하고, 산소 때문에 피해를 보기도 하다니 놀랍네요."

 핵심정리

대부분의 미술 작품은 산화 반응으로 손상돼. 하지만 그을린 그림에 반응성이 좋은 산소로 산화 반응을 일으켜 복원하는 경우도 있어.

 ## 산화 반응 때문에 고로워!

"산화 반응으로 피해를 보는 경우가 여기 또 있어."

용선생이 머쓱한 표정으로 교탁 속에 있던 사과를 꺼냈다.

"수업 중에 간식으로 먹으려고 준비한 건데 이렇게 변해 버렸어."

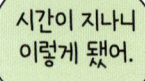

▲ 자른 지 얼마 안 된 신선한 사과

▲ 자른 지 오래되어 갈변한 사과

"선생님! 사과가 싱싱하지 않고 누렇잖아요."

"끄응, 그렇게 됐구나. 껍질을 깎은 과일을 공기 중에 두면 산화 반응이 일어나서 과육이 갈색으로 변하고 맛도 변하지. 이런 것을 '갈변 현상'이라고 해. 과일뿐 아니라 감자, 고구마 같은 채소에서도 갈변 현상이 일어나."

"산화 반응에 대해 그렇게 잘 아시면서 왜 사과를 미리

나선애의 과학 사전

과육 과일에서 씨와 껍질을 제외한 살 부분을 말해. 실제 우리가 먹는 부분이지.

깎아 두셨어요?"

곽두기가 입을 삐죽거렸다.

"하하, 미안. 수업 준비하다가 깜빡했단다. 사과에 랩을 씌우거나 밀폐 용기에 넣어 놨어야 했는데 말이야."

"랩이나 밀폐 용기요?"

▲ 랩에 씌워 보관하기   ▲ 밀폐 용기에 보관하기

"응. 랩이나 밀폐 용기는 내용물이 공기 중의 산소와 닿는 걸 막아 줘. 그래서 갈변 현상을 어느 정도 줄일 수 있어. 또 과일이나 채소를 식초 물이나 설탕물에 잠시 담갔다 꺼내 보관해도 산화 반응을 조금 늦출 수 있지."

 핵심정리

과일이나 채소는 산화 반응으로 인해 갈변 현상이 일어나. 랩으로 싸거나 밀폐 용기에 넣어 산소와 닿는 걸 막으면 갈변 현상을 늦출 수 있어.

 ## 산화 반응이 나쁘지만은 않아!

"그을린 그림을 복원할 때 말고는 산화 반응 때문에 피해를 보는 일이 더 많네요."

"하지만 산화 반응을 잘 이용하면 우리 생활에 도움이 된단다. 바로 이것처럼 말이지."

용선생은 서랍에서 손난로를 꺼내 들었다.

"손난로가 산화 반응을 이용한 거라고요?"

"하하, 아마 뜻밖일 거야. 지난 시간에 철이 녹스는 것도 산화 반응 때문에 일어나는 현상이라 했지? 이 현상을 이용해 만든 게 바로 손난로란다. 손난로는 안에 든 철 가루가 산화하여 녹슬 때 열이 나. 그래서 따뜻해지지."

▲ 산화 반응을 이용하는 손난로

"철이 녹슬 때 열이 생겨요? 제 자전거도 녹이 슬었는데 열이 나진 않았는데요."

장하다가 갸우뚱거리며 묻자 용선생이 답했다.

"좋은 지적이야. 우리 주변에 있는 철로 된 물건들에서는 대부분 아주 느리게 산화 반응이 일어나. 그래서 열도 아주 조금씩 천천히 발생하지. 그러니까 녹슨 자전거에서는 열을 느낄 수가 없는 거야."

"그러면 손난로 속 철은 산화 반응이 빨리 일어나나요?"

"그래. 손난로에 들어가 있는 철은 아주 고운 가루로 되어 있어. 그렇다 보니 산소와 만나는 부분이 매우 넓어서 산화 반응이 빨리 일어날 수 있지."

"고운 가루인데 산소와 만나는 부분이 넓다니요?"

"흠, 이렇게 생각해 보자. 만약 같은 양의 덩어리 설탕과 가루 설탕이 있을 때, 입에 넣으면 어떤 게 먼저 녹을까?"

"당연히 가루가 먼저 녹죠. 사탕 먹을 때를 생각해 보면 덩어리 설탕은 한참 빨아 먹어야 녹을 거예요."

"맞아. 그건 덩어리 설탕보다 가루 설탕이 입속의 침과 만나는 부분이 더 넓기 때문이야. 마찬가지로 자전거와 철 가루 중에서는 철 가루가 산소와 만나는 부분이 더 넓은 거고."

▲ 손난로 속 철 가루

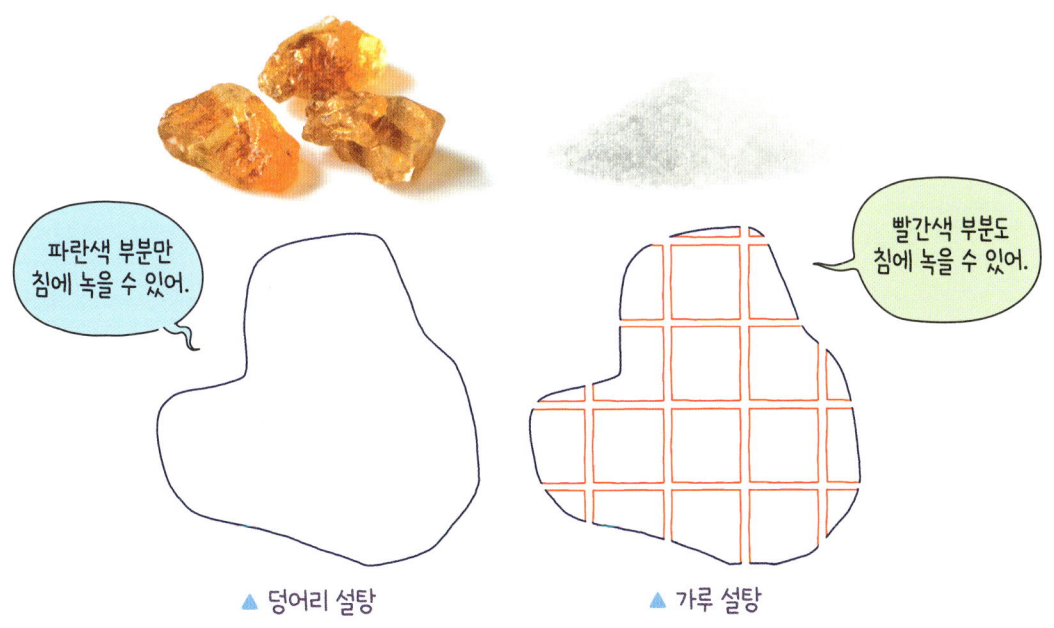

▲ 덩어리 설탕

▲ 가루 설탕

파란색 부분만 침에 녹을 수 있어.

빨간색 부분도 침에 녹을 수 있어.

아이들이 고개를 끄덕거리자 용선생은 말을 이었다.

"게다가 손난로에는 철이 산소와 결합하는 데 도움이 되는 물질들도 들어 있어. 그래서 철의 산화 반응이 아주 빠르게 일어날 수 있단다."

"산화 반응이 천천히 일어날 때랑 빠르게 일어날 때 이렇게 다를 줄 몰랐어요."

"그러게. 산소는 정말 두 얼굴을 가진 물질 같아요."

> **핵심정리**
>
> 손난로는 철의 산화 반응이 빠르게 일어날 때 생기는 열을 이용한 물건이야. 이처럼 우리 생활에 편리하게 산화 반응을 이용할 수도 있어.

 산화 반응을 이렇게도 이용해

"하하, 맞아. 우리가 산소를 어떻게 이용하느냐에 따라 피해를 입을 수도 있고 도움을 받을 수도 있지."

말을 마친 용선생은 응급 상자에서 소독약을 꺼냈다. 약병을 보고 장하다가 재빨리 말했다.

"아, 그거 뭔지 알아요! 축구하다가 넘어졌을 때 상처 난 곳에 바른 적 있거든요. 보글보글 거품이 나면서 소독해 주는 약인데…….”

"나도 본 적 있어!"

아이들의 말을 듣고 용선생이 설명했다.

"맞아. 이 소독약은 과산화 수소라고 해. 과산화 수소가 피와 만나면 산소가 생겨서 거품이 일어나. 이 거품 속에 있는 산소가 상처를 소독하는 거야."

"어떻게 산소가 상처를 소독해요?"

"과산화 수소에서 나온 산소가 상처에 있는 세균에 달라붙어서 산화 반응을 일으키면 세균들이 죽거든."

"산소는 원래 공기 중에도 있잖아요. 그런데 왜 굳이 과산화 수소를 바르는 거예요?"

"과산화 수소에서 나오는 산소는 공기 중에 있는 산소보다 반응성이 훨씬 강하지. 그래서 아주 빠르게 주변 물질에 달라붙어 활발하게 산화 반응을 일으킨단다."

▲ 소독하는 데 쓰는 과산화 수소
과산화 수소를 물에 타서 묽게 만들어 쓰는 걸 보통 과산화 수소수라고 불러.

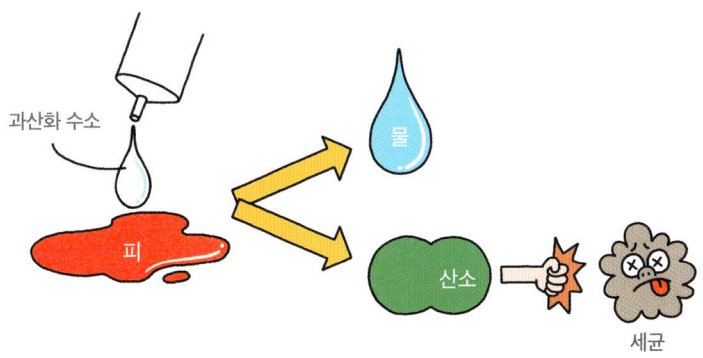

"그러니까 과산화 수소는 산화 반응을 무척 잘 일으키는 물질이라는 말씀이죠?"

"맞아. 과산화 수소처럼 산소를 내놓아서 다른 물질에 산화 반응을 일으키는 물질을 '산화제'라고 해. 과산화 수소는 대표적인 산화제야. 심지어 산소가 전혀 없는 곳에서도 산화제만 있으면 산화 반응이 일어날 수 있지."

"산화제에서 산소가 나오니까요?"

"그렇지. 그런데 그거 아니? 과산화 수소의 산화 반응을 이용해 상처를 소독할 뿐 아니라 옷을 빨 수도 있다는 거!"

"네? 어떻게요?"

"옷에 묻은 때는 대부분 탄소로 이루어져 있어. 좀 전에 배운 것 중에 탄소로 된 게 있었는데 기억 나니?"

나선애가 노트를 뒤적이더니 외쳤다.

"그을음이요! 그을음이 묻은 그림에 산소를 쏴서 그을음을 없앴어요!"

"맞아! 옷을 빠는 것도 같은 원리야. 과산화 수소에서 나온 산소가 때에 있는 탄소에 달라붙어 결합해. 그러면 일반 세제로 빨 때 잘 지워지지 않는 찌든 때도 산화되어 옷에서 떨어져 나오지."

"오, 산화제에서 나온 산소가 세균도 죽이고 옷도 빨아 준다니! 다시 보니 산소는 유용하게 쓰이는 곳이 참 많네요. 산소가 필요할 땐 산화제! 꼭 기억해야겠어요."

"그래. 비록 산화 반응 때문에 불편할 때도 많지만, 원리를 잘 알면 산화 반응을 우리 생활에 이롭게 이용할 수 있어. 어때, 두기야? 너도 산소가 다시 보이지 않니?"

"제가 좋아하는 사과를 엉망으로 만들어서 밉기도 하지만 한편으로는 고맙기도 하네요. 헤헤."

"하하, 다음 시간에는 두기에게 꼭 싱싱한 사과를 간식으로 줘야겠구나."

핵심정리

산화제는 다른 물질에 산소를 제공해 산화 반응을 일으키는 물질이야. 대표적으로 과산화 수소가 있어.

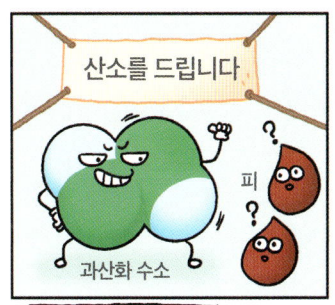

나선애의 정리노트

1. 산화 반응을 이용하는 예
① 그을린 그림 복원: 반응성이 강한 ⓐ_____ 로 산화 반응을 일으켜 그을음을 제거함.
② 휴대용 손난로: 철 가루의 빠른 산화 반응으로 ⓑ_____ 을 냄.
③ 소독약: 상처에 있는 세균에 산화 반응을 일으켜 세균을 죽임.

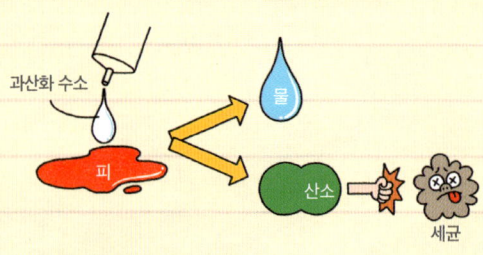

2. 산화 반응으로 인한 피해와 방지법
① 오래된 그림이나 책이 누렇게 됨.
  → 산소가 없는 곳에 보관하기
② 과일이나 채소가 ⓒ_____ 함.
  → 밀폐 용기에 넣거나 랩을 씌워 보관하기

3. ⓓ_____
• 다른 물질에 산소를 제공해 산화 반응을 일으키는 물질
  예 과산화 수소

ⓐ 산소 ⓑ 열 ⓒ 갈변 ⓓ 산화제

 # 과학퀴즈 달인을 찾아라!

●정답은 115쪽에

01

친구들이 이번 시간에 배운 내용에 대해 이야기하고 있어. 옳으면 O, 옳지 않으면 X를 표시해 줘.

① 그을음이 묻은 그림을 복원하는 데 산화 반응을 이용해. (   )
② 사과를 깎아 공기 중에 놓아 두면 산화 반응 때문에 갈색으로 변해. (   )
③ 과산화 수소는 다른 물질로부터 산소를 뺏어. (   )

02

곽두기가 흰색 티셔츠에 주스를 흘렸어. 용선생이 주스 얼룩을 지울 방법이라며 퍼즐 힌트를 주고 갔어. 함께 퍼즐을 맞추고 곽두기에게 답이 뭔지 알려 줘.

용선생의 과학 카페 | 용선생의 한국사 카페 | 용선생의 세계사 카페

https://cafe.naver.com/yongyong

용선생의
과학 카페

과학계의 핵인싸,
용선생의 과학 카페에
오신 걸 환영합니다.

[Log in]

MENU

물리면 아프다
화학이 화하하
생물 오징어
지구는 둥글다

여기저기서 산화가 일어나!

사과를 갈변시키고, 쇠못을 녹슬게 하고, 나무가 불타게 하는 범인, 누굴까? 바로 산소야! 지구상에는 산소가 없는 곳이 없을 정도로 아주 많아. 아마 지금 이 순간에도 쉴 새 없이 여기저기 달라붙어 산화 반응을 일으키고 있을걸?

산소는 우리 몸속에서도 산화 반응을 일으켜. 우리가 숨을 쉬면 몸속으로 산소가 들어와서 우리가 먹은 음식물에 있는 영양분을 만나 반응하거든. 탄수화물 같은 영양분은 산화 반응을 통해 이산화 탄소와 물로 변하는데, 이 과정에서 에너지가 만들어져. 이 에너지로 우리는 몸을 따뜻하게 유지하고, 머리로 생각을 하고, 팔다리를 움직이는 등 모든 생명 활동을 하는 거지!

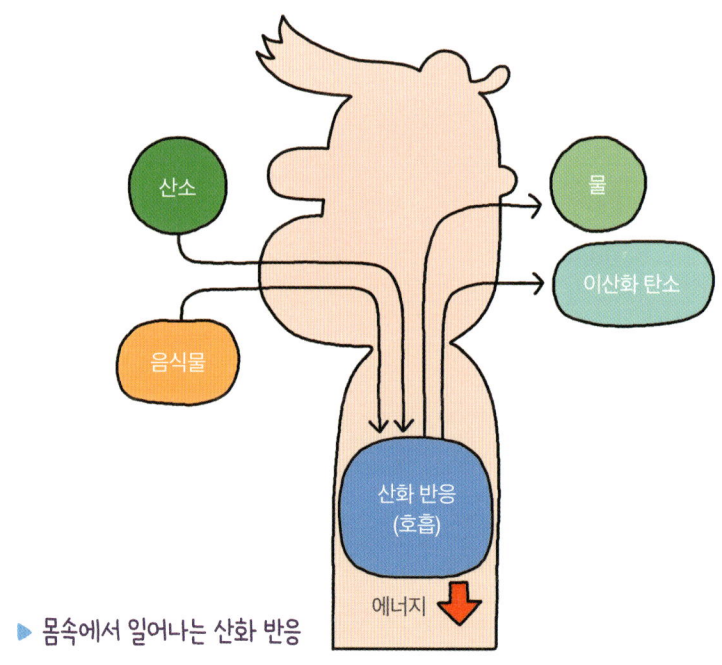

▶ 몸속에서 일어나는 산화 반응

그런가 하면 산소는 우리가 밟고 사는 땅에도 잔뜩 있어. 지구를 둘러싼 땅을 이루는 온갖 물질들에 산소가 달라붙어 있거든. 다시 말해 땅을 이루는 물질들은 대부분 산화되어 있는 거야. 그래서 지구 표면의 구성 성분을 분석해 보면 산소가 가장 많단다.

장하다의 오답을 피하는 방법
나선애의 야무진 실험실
왕수재의 아는 척 과학교실
허영심의 별 헤는 밤
곽두기의 빅뱅 따라잡기

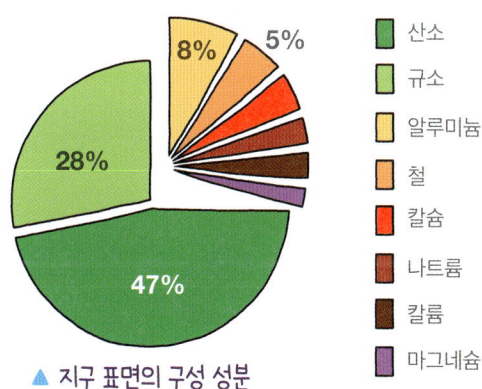

▲ 지구 표면의 구성 성분

곳곳에서 산화 반응을 일으키는 산소! 산소는 지구의 공기 중 약 $\frac{1}{5}$을 차지하고 있어. 이 많은 산소가 어디에서 왔냐고? 바로 햇빛을 이용해 광합성을 하는 생물들이 만들어 낸 거란다. 정말 대단하지?

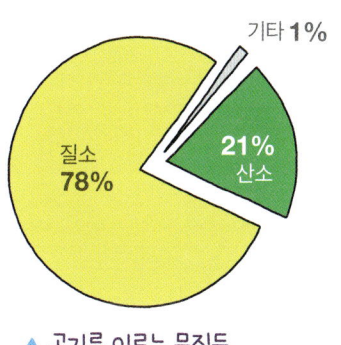

▲ 공기를 이루는 물질들

COMMENTS

지구에 산소가 있다면 과학반에는 나 곽두기가 있지.
ㄴ 그래, 여기저기 달라붙어 귀찮게 하지.
ㄴ 히잉…. 형!

3교시 | 연소와 소화

불은 어떻게 붙을까?

와~ 모닥불이 타오르네!

폭죽도 빙빙 돌리고 있어!

"어제 텔레비전에서 불꽃놀이 축제 봤어?"

"응, 엄청 멋지더라. 직접 보면 더 좋았을 텐데 너무 아쉬워."

그때 용선생이 아이들에게 다가와 말했다.

"하하, 그렇다면 지금부터 특별한 불꽃놀이를 해 볼까?"

"지금요? 어떻게요?"

용선생은 폭죽을 하나 꺼내 불을 붙이더니 물이 차 있는 투명한 수조에 담갔다.

"우아! 폭죽이 물속에서도 꺼지지 않아요. 어떻게 하신 거예요?"

"하하! 이번 시간엔 물속에서도 꺼지지 않는 폭죽의 비밀을 알아보자!"

"네! 어서 알려 주세요!"

불이 붙기 위한 조건은?

"불이 붙으려면 세 가지 조건이 필요하단다. 폭죽이 물속에서도 꺼지지 않은 까닭은 이 세 가지 조건을 모두 갖추었기 때문이지."

"헉, 조건이 세 가지나 되나요?"

"하하, 하나씩 차근차근 알아보자고. 일단 불이 붙으려면 뭐가 있어야겠니?"

"종이나 나무처럼 탈 게 있어야겠죠."

"그래. 불이 붙으려면 종이나 나무, 기름 같은 탈 물질이 있어야 해. 우리는 이걸 흔히 연료라고 하지."

"근데 탈 물질만 있으면 안 되고, 라이터나 성냥이 있어야 불을 붙일 수 있잖아요."

"오, 맞아. 그러면 라이터나 성냥은 어떻게 불을 붙이는 걸까?"

"글쎄요? 텔레비전 프로그램을 보니까 부싯돌을 서로 부딪히거나 나무끼리 문지르면 불이 붙던데요."

왕수재의 말에 용선생이 반갑게 말했다.

"그래! 바로 그러한 원리야. 손바닥을 서로 비비면 열이 생겨서 따뜻해지지? 이렇게 물체끼리 마찰하면 열이 생기

▲ 여러 가지 탈 물질

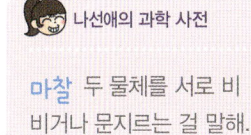

마찰 두 물체를 서로 비비거나 문지르는 걸 말해.

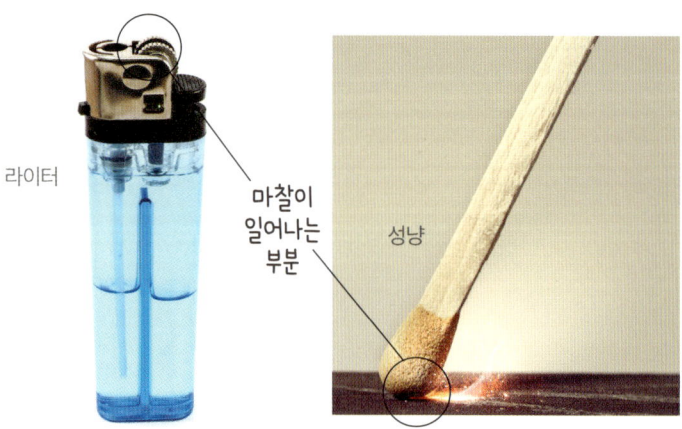

▶ 마찰에 의해 생기는 열로 불을 붙이는 도구들

면서 온도가 올라가. 그리고 온도가 점점 올라가다 보면 어느 순간 불이 붙어. 라이터와 성냥도 마찰에 의해 온도가 올라가면서 불이 붙는 거란다."

허영심이 고개를 갸웃거리며 물었다.

"근데 손바닥을 비비거나 지우개를 공책에 비비는 것도 마찰 아닌가요? 아무리 오래 비벼도 불이 안 붙던데요?"

"하하, 물론 그것도 마찰이지만 그 정도로는 불이 붙을 만큼 온도가 높아지지 않아."

"아, 불이 붙으려면 더 높은 온도가 되어야 하나 봐요."

"그렇지. 심지어 마찰하지 않고 온도만 충분히 올라가도 불이 붙을 수 있어."

"정말요?"

"응, 성냥을 마찰하지 않고 불을 붙여 볼까?"

용선생은 돋보기와 성냥을 꺼냈다.

"돋보기로 햇빛을 한 점에 모으면 온도가 올라가며 불이 쉽게 붙어. 다들 한번 해 보렴."

아이들은 저마다 성냥에 돋보기를 대고 햇빛을 모았다. 하나둘씩 성냥에 불이 붙기 시작했다.

"와, 정말 마찰을 안 했는데도 성냥에 불이 붙네요."

"어, 나는 안 되는데…… 나선애 넌 어떻게 한 거야?"

용선생은 울상을 짓고 있는 장하다에게 다가갔다.

"하다는 나무 부분에 빛을 모았지? 그러면 온도를 더 높이 올려야 해서 시간이 오래 걸려. 선애는 성냥의 머리 부분에 햇빛을 모았단다. 이 부분은 인이라는 물질로 되어 있는데, 인은 나무보다 더 낮은 온도에서 불이 붙어."

"어, 인하고 나무는 불이 붙는 온도가 달라요?"

"그럼! 어떤 물질에 저절로 불이 붙기 시작하는 온도를 발화점이라고 하는데, 물질마다 발화점은 제각기 다르단다. 예를 들어 성냥에서 인의 발화점은 약 260℃이지만, 나무의 발화점은 약 400℃야. 그러니까 성냥의 나무 부분은 훨씬 더 높은 온도가 되어야 불이 붙지."

햇빛의 열로 불을 붙였어!

아!

 용선생의 과학 현미경

1669년 독일의 브란트라는 과학자가 사람의 오줌을 오랜 시간 끓이다가 인을 발견했어. 처음에는 동물의 배설물과 뼈에서 인을 얻다가 지금은 광산에서 돌을 캐서 얻지. 인은 성냥, 비료, 폭약 등의 재료로 쓰여.

나선애의 과학 사전

발화점 일어날 발(發) 불 화(火) 점 점(點). 어떤 물질을 가열할 때 저절로 불이 붙는 온도야.

"아하, 그래서 성냥 머리 부분을 성냥갑에 긁어서 불을 붙이는군요?"

"빙고! 성냥갑의 거친 면에 성냥의 인을 마찰시키면 온도가 발화점 이상으로 쉽게 올라가서 불이 붙는단다."

핵심정리

불이 붙기 위해서는 첫 번째로 탈 물질이 있어야 하고, 두 번째로 발화점 이상의 온도가 되어야 해.

 불이 붙기 위한 마지막 조건

용선생은 손가락을 딱 부딪히며 아이들을 바라보았다.

"자, 지금까지 불이 붙는 데 필요한 조건 세 가지 중에서 두 가지를 알아봤어. 무엇 무엇이었지?"

"탈 물질과 발화점 이상의 온도요!"

"좋았어. 이제 하나만 더 알면 돼."

"그게 뭔데요?"

"지금부터 실험을 보여 줄 테니 그게 무엇인지 직접 맞춰 보렴."

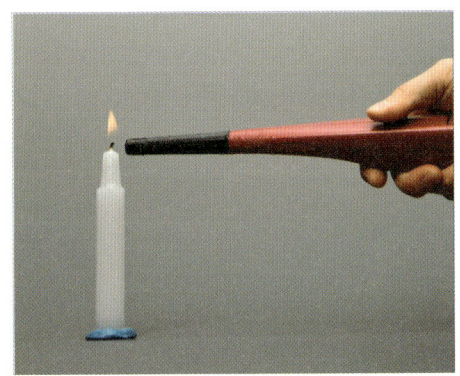
▲ 초에 불을 켰어.

▲ 유리병으로 덮자 촛불이 꺼졌어.

용선생은 초에 불을 켜고 나서 유리병으로 초를 덮었다.

"어? 불이 점점 작아지다 결국 꺼졌어요."

"불이 꺼진 이유가 뭘까?"

"유리병을 덮으면 공기가 들어가지 못하니까 불이 꺼진 게 아닐까요?"

왕수재가 자신 있게 말했다.

"음. 틀린 답은 아니지만 좀 더 생각해 보렴. 촛불이 꺼진 이유는 공기 중 어떤 한 기체 때문이야."

"아하, 산소예요!"

"딩동댕! 선애는 어떻게 알았니?"

"지난 시간에 불타는 것도 산소와 결합하여 일어나는 산화 반응 중 하나라고 배웠잖아요."

나선애가 왕수재를 향해 혀를 쭉 내밀었다.

산소가 없어서 불이 꺼졌어요!

"하하, 둘 다 훌륭해. 불은 공기 중 산소를 사용하며 타기 때문에 촛불을 유리병으로 덮으면 병 속 산소가 점점 줄어들어. 그래서 촛불이 꺼진 거야."

"이야, 드디어 세 번째 조건을 찾았네요."

"그렇지. 불이 붙기 위해서는 탈 물질과 발화점 이상의 온도 그리고 산소가 필요해. 이 세 가지 조건이 모두 갖춰지면 탈 물질이 산소와 반응해 빛과 열을 내면서 타. 과학자들은 이것을 '연소'라고 불러."

"세 가지 중 한 가지라도 없으면 불이 타지 않는 거군요. 촛불을 유리병으로 덮으면 산소가 없어져서 불이 금방 꺼지는 것처럼요."

"맞아. 그래서 산소를 계속 공급해 줘야 연소가 계속될 수 있단다."

그때 장하다가 손을 들고 말했다.

"이제 물속에서도 타는 폭죽의 비밀을 알려 주세요!"

"하하, 그래. 물속에서도 불이 꺼지지 않는 폭죽의 첫 번째 비밀은 바로 산화제야!"

"지난 시간에 배운 산화제요?"

"그래. 산화제는 다른 물질에 산소를 제공해 산화 반응

▲ 옛날 대장간에서는 풀무를 사용해 화로에 산소를 공급했어.

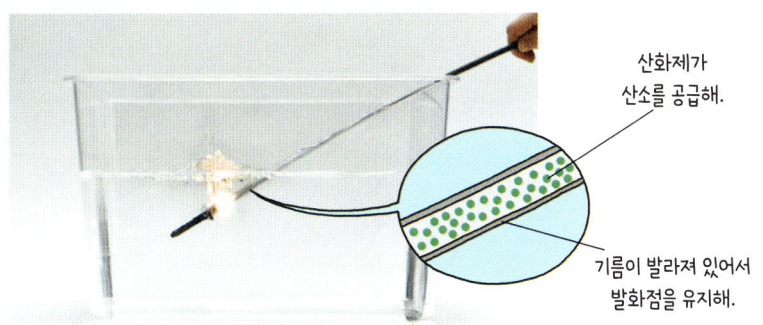

을 일으키는 물질이라고 했지? 산소가 부족할 경우를 대비해 탈 물질에 산화제를 섞기도 한단다."

"그럼 아까 본 폭죽에도 산화제가 들어 있나요?"

"응. 그래서 산소와 만나기 힘든 물속에서도 불이 탈 수 있었던 거야. 그리고 비밀이 하나 더 있는데, 바로 폭죽에 기름을 묻히는 거지."

"기름을 왜 묻혀요?"

"탈 물질은 물과 닿으면 발화점보다 온도가 훨씬 낮아지기 때문에 불이 붙기 힘들어. 그래서 물과 섞이지 않는 기름을 폭죽에 발라 물이 닿지 않게 하는 거야."

"이야, 숨은 과학 원리를 알고 나니까 간단하네요."

 핵심정리

어떤 물질이 연소를 하기 위해서는 탈 물질, 발화점 이상의 온도, 산소가 필요해.

불이 꺼지는 까닭은?

"하하, 그게 바로 과학을 배우는 재미란다. 연소와 관련된 우리나라 속담이 있는데 혹시 아니?"

"어떤 속담이요?"

"바로 '불난 집에 부채질하기'야. 실제로 불난 집에 부채질을 하면 어떻게 될까?"

"부채질을 하면 불이 꺼지겠죠."

곽두기의 말에 나선애가 고개를 갸웃거렸다.

"글쎄요. 오히려 불에 산소를 공급해 줘서 불이 더 잘 탈 것 같은데요?"

"맞아. 집에 난 불이나 산불, 장작불처럼 큰불은 바람이 불거나 부채질을 하면 산소 공급이 더 잘 돼. 그래서 불이 오히려 더 커진단다."

▲ 장작불에 부채질을 하면 불이 더 활활 타.

허영심이 손을 들고 말했다.

"근데 생각해 보니 좀 이상해요. 장작불에 부채질을 하면 불이 더 잘 타오르는데, 왜 촛불은 입으로 부는 작은 바람에도 꺼지는 거예요?"

"오, 좋은 질문이야. 일단 초에 불이 붙는 원리부터 설명해 줄게. 초는 발화점이 낮은 파라핀이란 물질을 굳혀서 만든 거야. 파라핀이 열에 녹으면 심지를 타고 올라가서 기체가 되는데, 이 기체가 산소와 결합하여 연소가 일어나."

"그래서요?"

"촛불을 입으로 불면 파라핀 기체가 날아가서 탈 물질이 없어져. 그래서 불이 꺼지는 거란다."

"아하, 산소를 공급해 줘도 탈 물질이 없으니 불이 꺼지는 거였군요."

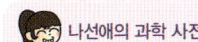

나선애의 과학 사전

파라핀 석유를 가공하는 과정에서 얻어지는 희고 반투명한 고체 물질이야. 양초, 크레용, 연고 등을 만드는 데 사용돼.

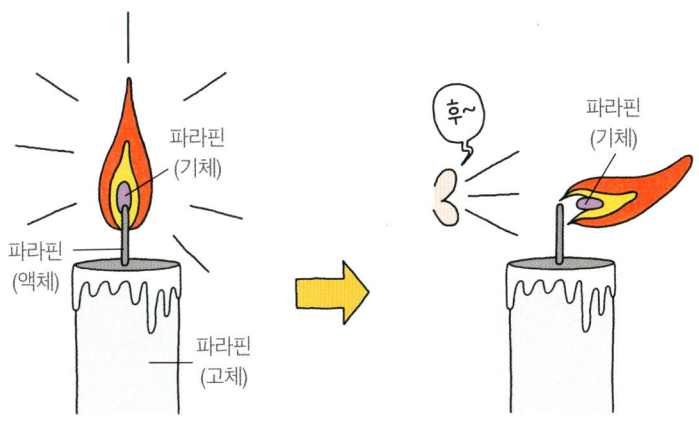

▲ 촛불에 입김을 불면 불이 꺼져.

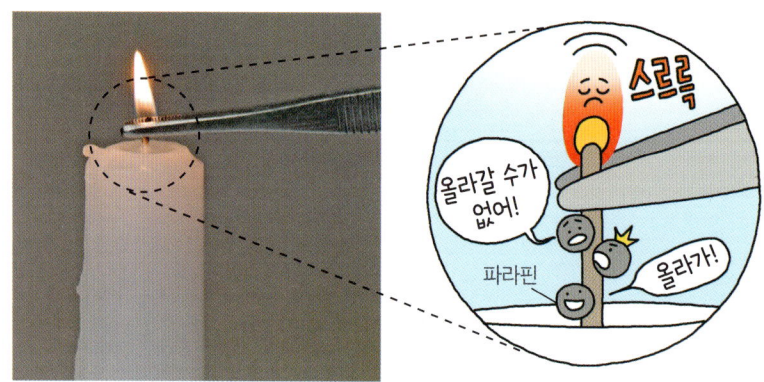

▲ 촛불의 심지를 잡아서 불을 끄는 경우

"그렇지. 촛불을 불어서 끄는 대신 심지를 꽉 잡거나 잘라서 끌 수도 있어. 그러면 녹은 파라핀이 심지를 타고 올라가지 못해서, 기체가 되어 산소와 결합할 수 없거든."

"그것도 탈 물질이 없어져서 불이 꺼지는 거네요?"

"맞아. 이렇게 연소의 세 가지 조건 중 하나만 없어도 불이 꺼지는데, 이걸 소화라고 한단다."

"연소의 두 번째 조건이 발화점 이상의 온도였는데, 그렇다면 온도를 낮춰도 불이 꺼지나요?"

"물론이야. 사실 촛불에 입으로 바람을 불면, 탈 물질이 없어지기도 하지만 초 심지 부분의 온도도 내려가지. 정확히 말하자면 연소의 세 가지 조건 중에서 두 가지를 없애서 불을 끈 거야."

장하다가 책상을 탁 치며 말했다.

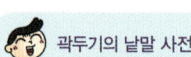

곽두기의 낱말 사전

소화 사라질 소(消) 불 화(火). 불을 끄거나 불이 꺼지는 것을 말해.

"하나건 둘이건 불만 잘 끄면 되는 거죠!"

"하하, 그렇긴 하지. 이번엔 다른 방법으로 촛불을 꺼 볼 테니, 어떤 조건을 없애서 불을 껐는지 한번 맞혀 봐."

용선생은 종이컵에 드라이아이스를 담아와 조심스럽게 촛불에 부었다.

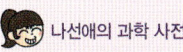

나선애의 과학 사전

드라이아이스 기체 상태의 이산화 탄소를 얼려 만든 고체 이산화 탄소를 말해. 매우 차가워서 주로 다른 물체를 차갑게 하는 데 이용하지.

▲ 촛불에 드라이아이스를 부어서 불을 끄는 경우

"오! 진짜 불이 꺼졌어요! 드라이아이스가 차가워서 촛불 온도가 발화점 아래로 내려간 건가요?"

"그래. 초 심지 부분의 온도가 발화점 아래로 내려가서 불이 꺼진 거야. 그런데 이 실험에서 불이 꺼진 더 중요한 이유가 있지."

"그게 뭔데요?"

"물을 부어서 불 끌 때를 한번 생각해 보자. 물을 부으면 불타는 물체의 온도가 발화점 아래로 내려가. 또 물과 불

이 만나서 생긴 수증기가 불을 감싸 산소가 불에 닿지 않게 하지."

"물을 부어서 불을 끄는 게 이 실험이랑 무슨 상관이에요?"

"드라이아이스로 불을 끄는 것도 같은 원리야. 드라이아이스는 이산화 탄소를 얼린 건데, 이산화 탄소는 공기보다 무거워서 아래로 가라앉아. 이산화 탄소가 촛불 근처에 가라앉으면서 촛불을 감싸 산소가 닿지 않게 한 거란다."

"아하, 불을 끄려면 산소가 불에 닿지 않게 하는 게 중요하군요."

"응. 그래서 불을 끄는 데 쓰는 소화기에는 이산화 탄소나, 불과 만나면 이산화 탄소를 만들어 내는 화학 물질이 들어 있어."

왕수재가 어깨를 으쓱이며 말했다.

"연소의 세 가지 조건만 잘 기억하면 불이 나도 문제없겠는데요?"

"방심하지 말고 불이 나면 먼저 119에 신고하렴!"

 **핵심정리**

불을 끄기 위해서는 연소의 세 가지 조건 중 한 가지만 없애면 돼.

용선생의 과학 현미경

일상생활 속 다양한 소화 방법

우리는 일상생활에서 불을 사용하고 나서 연소의 세 가지 조건 중 하나를 없애서 불을 꺼. 어떤 경우가 있는지 살펴볼까?

부모님께서 요리하실 때 보면 가스레인지를 사용하고 난 뒤 꼭 밸브를 잠그실 거야. 가스레인지는 가스관을 통해 탈 물질인 가스가 들어와서 불이 켜지는 장치야. 가스관 중간에 달린 밸브는 가스관을 열고 닫는 역할을 하지. 가스레인지를 사용하고 난 뒤에 밸브를 열어 두면 가스가 가스레인지에 계속 공급돼. 그런 상황에서 만약

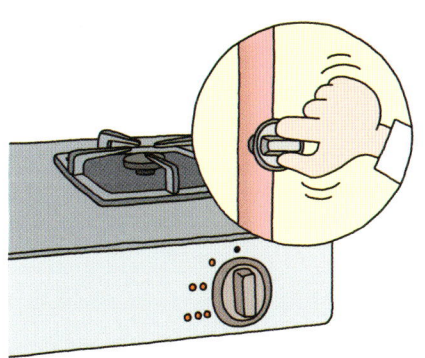
▲ 가스레인지 밸브를 잠그는 모습

불이 켜지는 부분이 잘못 작동하면 불이 날 수도 있지. 그래서 밸브를 잠그는 거야. 탈 물질인 가스를 차단하기 위해서 말이지.

산소를 차단해서 불을 끄는 경우도 있어. 실험실에서는 알코올램프를 사용하고 나면 뚜껑을 닫아서 불을 꺼. 심지에 산소가 닿지 않게 막는 거지.

불을 끌 때 주의할 점이 있어. 기름이나 전기로 인해 불이 났을 때에는 물을 사용해 불을 끄려 하면 안 돼. 기름은 물 위에 뜨니까 소용이 없고, 전기는 물에서도 흐르기 때문에 오히려 불이 더 번질 수도 있거든. 이럴 때에는 소화기로 불 주변의 산소를 차단해야 한단다.

▲ 소화기로 불을 끄는 모습

나선애의 정리노트

1. 연소
① 탈 물질이 ⓐ ☐ 와 반응해 빛과 열을 내면서 타는 것
② 연소의 조건 세 가지
- 탈 물질: 종이, 나무, 기름 같은 ⓑ ☐
- ⓒ ☐ 이상의 온도
- 산소: 산화제로 보충하기도 함.

2. ⓓ ☐
① 연소의 세 가지 조건 중 하나를 없애 불을 끄는 것
② 소화 방법
- 탈 물질을 없앰.
  - 예 초를 불거나 심지를 잡아서 불을 끔.
- 발화점 아래로 ⓔ ☐ 를 내림.
  - 예 초를 불어서 불을 끔.
    물이나 드라이아이스를 부어서 불을 끔.
- 산소를 차단함.
  - 예 물이나 드라이아이스를 부어서 불을 끔.
    소화기로 불을 끔.

ⓐ 산소 ⓑ 연료 ⓒ 발화점 ⓓ 소화 ⓔ 온도

 ## 과학퀴즈 달인을 찾아라!

●정답은 115쪽에

01

친구들이 이번 시간에 배운 내용에 대해 이야기하고 있어. 옳으면 ○, 옳지 않으면 ✕를 표시해 줘.

① 성냥의 인은 나무보다 발화점이 낮아서 불이 잘 붙어. (   )

② 불이 켜진 초에 유리병을 덮으면 탈 물질이 없어져서 불이 꺼져. (   )

③ 소화기에서 나오는 이산화 탄소는 불타는 물체의 온도가 발화점 아래로 내려가게 해서 불을 꺼. (   )

02

나선애가 물속에 넣어도 불꽃이 꺼지지 않는 폭죽을 만들려고 해. 폭죽을 만드는 올바른 방법을 알려 줘.

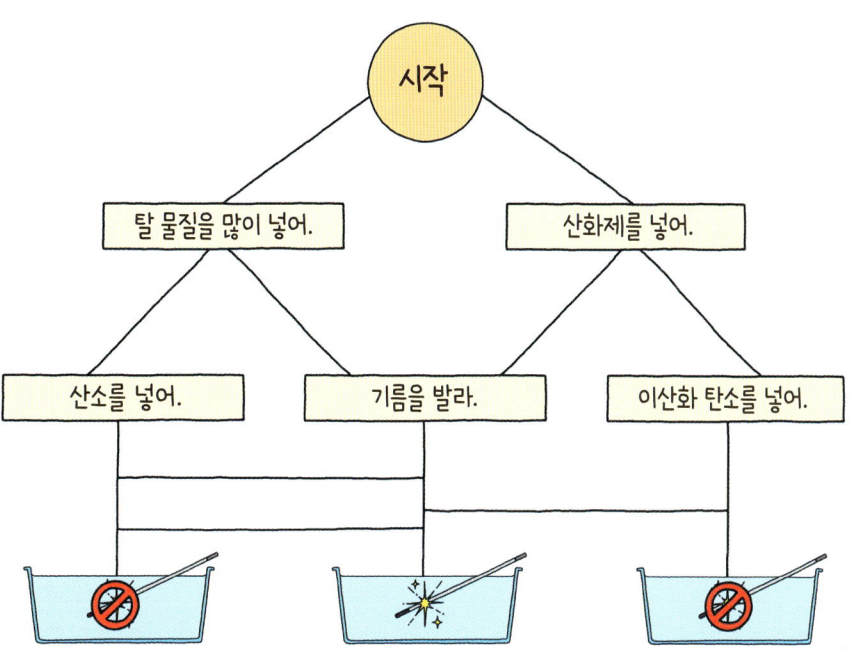

| 용선생의 과학 카페 | 용선생의 한국사 카페 | 용선생의 세계사 카페 |

https://cafe.naver.com/yongyong

용선생의 과학 카페

과학계의 핵인싸,
용선생의 과학 카페에
오신 걸 환영합니다.

Log in

MENU

물리면 아프다
화학이 화하하
생물 오징어
지구는 둥글다

꺼지지 않는 불

2017년 3월 경상북도 포항에서 공원을 만들기 위해 땅을 파던 중 땅속에 있던 가스가 새어 나오면서 갑자기 불길이 치솟았어. 가스레인지나 자동차 엔진의 연료로 사용되는 천연가스가 새어 나온 것이지. 그런데 그 불은 비가 오고 눈이 와도 여전히 꺼지지 않고 활활 타오르고 있어. 사람들이 신기해 하며 자꾸 찾아가다 보니 유명해져서 '불의 정원'이라는 이름도 붙었단다.

 경상북도 포항의 불의 정원

미국에는 이보다 더 오랫동안 꺼지지 않고 타는 불이 있어. 펜실베이니아주에 있는 센트레일리아라는 마을은 불이 50년 넘게 타고 있는 곳이야. 이 마을은 석탄이 묻혀 있는 곳으로, 탄광 산업이 발전하면서 많은 사람이 모여들어 큰 도시를 이루었지. 1962년 한 청소부가 쓰레기를 태우기 위해 불을 붙였는데, 그 불씨가 버려진 탄광의 석탄에 옮겨붙어 타오르기 시작했어. 사람들이 엄청난 양의 물을 쏟아

부었지만 불은 꺼지지 않았고, 오히려 탄광 전체로 번져 나갔지. 결국 지하 탄광이 무너지고 독가스가 새어 나오면서 도시는 사람이 살 수 없는 곳이 되고 말았어.

▲ 미국 펜실베이니아주 센트레일리아 마을 지하에서 타는 불로 인해 망가진 도로 틈새에서 연기가 피어오르고 있어.

그렇다면 이 두 도시의 불은 왜 꺼지지 않는 걸까? 그건 연소의 조건인 탈 물질, 발화점 이상의 온도, 산소, 이 세 가지 중 단 한 가지도 없애지 못해서야. 포항과 센트레일리아 마을 모두 아직 땅속에 많은 연료가 묻혀 있고, 주변 공기에는 산소가 있어. 또 연료가 타면서 계속 열을 내기 때문에 발화점 이상의 높은 온도가 유지되고 있지.

과학자들은 땅속의 모든 연료가 다 연소돼야만 불이 멈출 것이라고 해. 센트레일리아 마을은 앞으로 적어도 250년은 더 불탈 거라고 하니 정말 놀랍지?

장하다의 오답을 피하는 방법
나선애의 야무진 실험실
왕수재의 아는 척 과학교실
허영심의 별 헤는 밤
곽두기의 빅뱅 따라잡기

COMMENTS

- 좋은 생각이 있어. 포항 주변의 산소를 모두 마셔 버리는 거야.
  - 산소를 없애서 소화시키려고?
  - 그럼 사람도 못 살 텐데?

4교시 | 연소와 연소 생성물

태울 때 새로 생기는 건?

교과연계

초 **6-1** 여러 가지 기체
초 **6-2** 연소와 소화

"이것 봐! 오늘 동아리 시간에 만든 향초야."

허영심이 과학실 바닥에 향초들을 세워 놓고 불을 붙이며 말했다.

"오! 허영심 제법이다. 향초를 켜면 좋은 향이 나나?"

"그럼. 집에 다른 향초도 여러 개 있는데, 오늘 집에 가서 다 켜 보고 향을 비교해 보려고."

갑자기 용선생이 나타나 외쳤다.

"초를 켤 때는 꼭 창문을 열고 공기를 바꿔 줘야 해!"

"으악! 깜짝 놀랐잖아요!"

"하하, 미안. 중요한 얘기라서 그만 목소리가 커졌구나."

"근데 창문을 왜 열어요? 바람이라도 불면 촛불이 꺼질 텐데요."

태우면 무슨 일이 일어날까?

"지난 시간에 배운 연소의 조건을 떠올려 보면 그 이유를 알 수 있을 거야."

나선애가 뭔가 생각난 듯 손을 들었다.

"아, 알겠어요! 연소할 때 산소가 계속 필요하니까 산소를 보충하려는 거죠?"

"맞아. 닫힌 공간에서 초를 여러 개 켜 두면 산소가 금세 부족해져서 어지럽거나 머리가 아플 수 있어. 그러니까 꼭 환기를 해서 산소를 보충해야 하지."

"그렇군요. 앞으로 잘 기억할게요, 선생님."

"하하, 그래. 그런데 환기를 해야 하는 이유는 또 있어. 연소 후에 새롭게 생기는 물질이 있다는 거 아니? 이러한 물질은 우리 몸에 해로울 수 있어서 꼭 내보내야 하거든."

"연소 후에 뭐가 생기는데요?"

용선생이 초에 불을 붙이며 말했다.

"지난 시간에 초에 불이 붙는 원리에 대해 배웠지? 초가 탈 때에는 기

 곽두기의 낱말 사전

환기 바꿀 환(換) 공기 기(氣). 탁한 공기를 내보내고 맑은 공기로 바꾸는 걸 말해.

체가 된 파라핀이 산소와 결합하면서 연소가 일어나. 이때 초의 길이가 짧아지면서 초가 없어지는 것처럼 보이지만, 없어진 부분은 사실 다른 물질로 바뀐 거란다."

"뭐로 바뀌었는데요?"

"그럼 지금부터 초가 연소한 후에 어떤 물질로 바뀌었는지 확인하는 실험을 해 보자."

용선생은 유리병에 불을 붙인 초를 넣고 유리판을 덮었다. 잠시 후 초가 꺼졌다.

"초가 꺼졌을 뿐, 달라진 게 없는데……."

"아니야, 위쪽에 물이 맺혔잖아."

"오, 진짜! 그런데 물 맞아?"

그러자 용선생이 교탁에서 무언가를 꺼냈다.

"병에 맺힌 게 물인지 알려면 염화 코발트 종이를 이용하면 돼. 염화 코발트 종이는 원래 푸른색인데 물에 닿으면 붉은색으로 변하지."

용선생이 염화 코발트 종이를 병에 맺힌 액체에 갖다 대자 푸른색 종이가 붉은색으로 변했다.

"와, 정말 물이었네요."

"그래. 그럼 이번엔 연소로 생긴 기체를 확인해 보자."

"기체요? 기체가 어디에 생겼어요?"

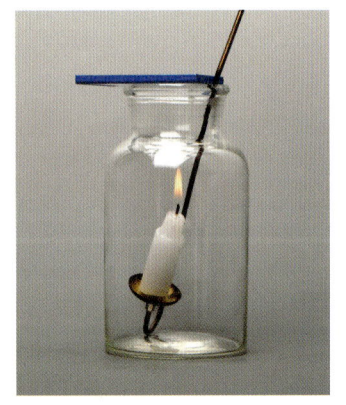

▲ 촛불이 꺼지기 전

▲ 촛불이 꺼진 후

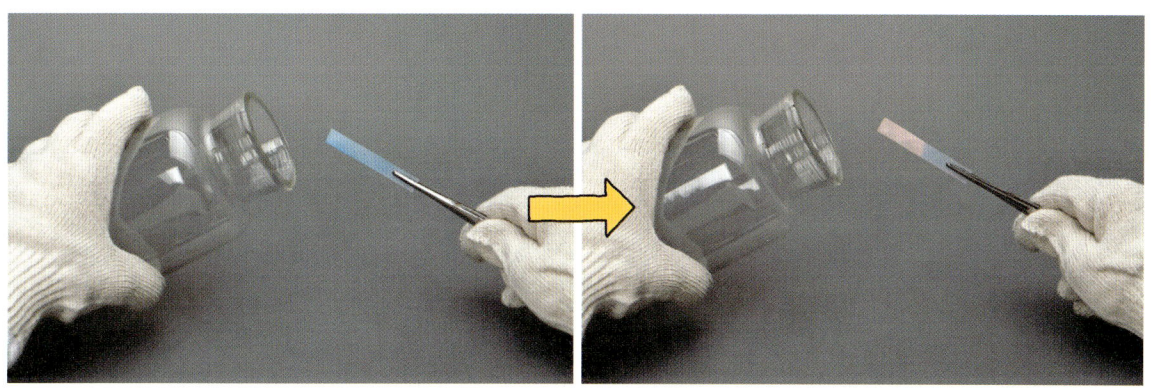

▲ 염화 코발트 종이를 병 속 액체에 대기 전   ▲ 염화 코발트 종이를 병 속 액체에 댄 후

"눈에 보이지는 않지만, 연소를 하면 물뿐 아니라 기체도 생기거든. 병 속에 그 기체가 있을 거야."

"기체는 어떻게 알아봐요? 염화 코발트 종이를 대 볼 순 없잖아요."

"이전 시간에 배운 방법을 쓰면 되지. 바로 석회수를 이용하는 거야."

"아, 석회수!"

"자, 내가 이 병에 석회수를 넣고 잘 섞을게."

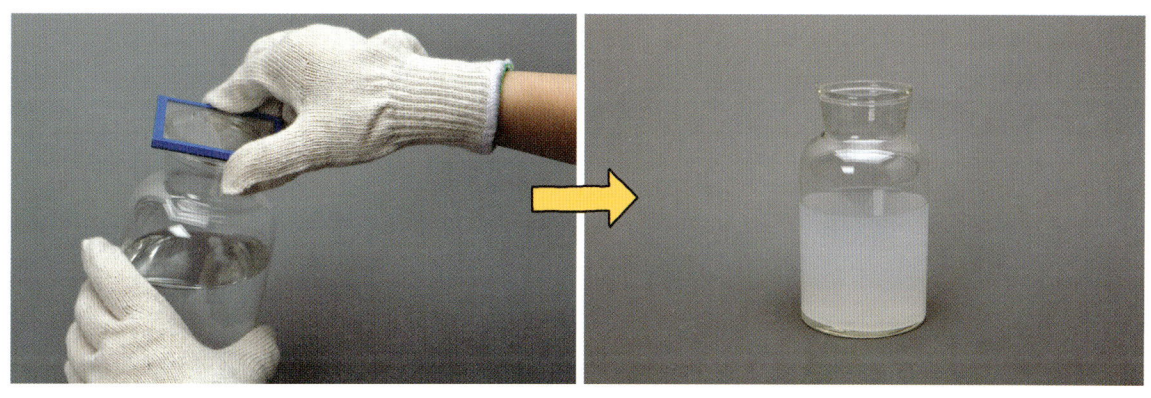

▲ 투명한 석회수   ▲ 석회수를 넣고 섞은 후

"어? 석회수가 뿌옇게 변했어요. 그럼 병 속에 이산화 탄소가 있다는 거네요."

"맞아. 잘 기억하고 있구나. 석회수가 이산화 탄소와 만나면 뿌옇게 변한다고 했지? 그러니까 연소로 생긴 기체는 이산화 탄소야."

"그러면 파라핀이 산소와 만나 연소해서 물과 이산화 탄소로 바뀐 건가요?"

"그렇단다. 초 말고도 연료가 되는 물질은 대부분 탄소와 수소로 이루어져 있어. 그래서 연료가 산소와 만나 완전히 연소하면 이산화 탄소와 물이 되어 날아가는 거야. 이런 연소를 '완전 연소'라 하지."

"완전히 연소해서 완전 연소라니, 기억하기 쉽네요!"

▲ 연료의 연소로 생기는 물질

장하다가 큰 목소리로 떠들자 나선애가 고개를 절레절레 흔들며 말했다.

"근데 이산화 탄소와 물은 그다지 해롭지 않은 물질 같은데 왜 환기를 해야 해요?"

"물은 크게 상관없어. 하지만 닫힌 공간에서 이산화 탄소가 늘어났다는 건 그만큼 산소가 줄어들었다는 거야. 우리가 호흡할 산소가 부족해지면 집중력이 떨어지고 기분이 가라앉는다고 전에도 말했지?"

"네. 그래서 환기가 중요한 거군요."

 핵심정리

산소가 풍부한 곳에서 연소가 일어나면 연료와 산소가 결합하여 물과 이산화 탄소로 바뀌어. 이를 완전 연소라고 해.

 덜 타면 무슨 일이 일어날까?

"맞아. 게다가 좁고 닫힌 공간에서 초를 여러 개 켜 두면 연소 후에 산소가 줄어든다는 것 말고도 문제가 되는 게 또 있어."

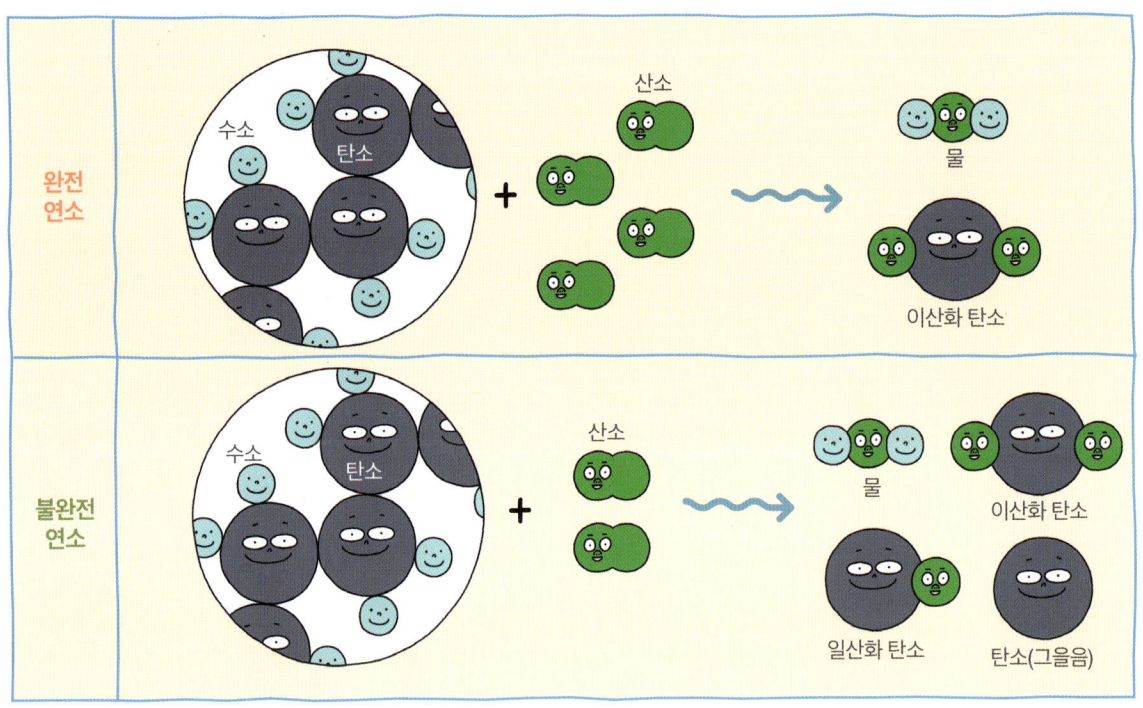

"또 무슨 문제요?"

"닫힌 공간에서 연소가 계속 일어나 산소가 점점 부족해지면 이산화 탄소와 물 말고 다른 물질도 만들어져. 이런 연소를 '불완전 연소'라고 해."

"이산화 탄소와 물 말고 또 뭐가 생기는데요?"

"완전 연소가 일어날 때에는 이산화 탄소와 물만 생기지만, 불완전 연소가 일어날 때에는 그을음과 일산화 탄소도 만들어져."

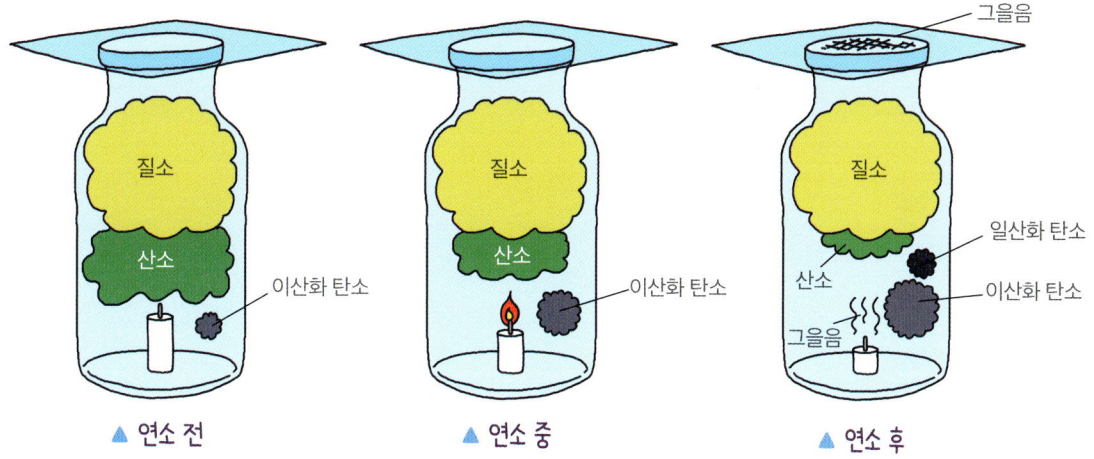

▲ 연소 전　　▲ 연소 중　　▲ 연소 후

　용선생은 다시 유리병에 초를 넣고 불을 붙였다.
　"자, 모두 여길 보렴. 초에 불을 막 붙였을 때에는 병 속에 산소가 풍부해서 불이 잘 타지만, 병 속 산소가 줄어들면 불이 점점 약해지고 연기가 생겨. 그 결과 병을 덮은 유리판에 검은 그을음이 묻어나지."
　아이들이 머리를 맞대고 유리판을 관찰하며 말했다.
　"정말 유리판이 까맣게 되었네요."
　"지금 우리 눈에 보이지는 않지만, 유리병 속에는 일산화 탄소라는 기체도 있어. 일산화 탄소를 많이 들이마시면 몸에 산소가 제대로 공급되지 않아 자칫하면 목숨을 잃을 수도 있단다."
　"헉, 목숨을 잃을 수도 있다고요?"

"그렇게 위험한 물질이 생기다니, 불완전 연소를 막을 방법은 없나요?"

핵심정리

산소가 부족한 곳에서 연소를 하면 이산화 탄소와 물 외에 그을음이나 일산화 탄소 같은 물질도 생겨. 이런 연소를 불완전 연소라 해.

완전 연소를 일으키려면?

"그래서 환기를 잘 시켜야 한다는 거야. 공기가 잘 통해야 연소에 필요한 산소가 충분히 공급되고, 연소 후에 만들어지는 물질들이 잘 빠져나가거든."

용선생은 옆부분에 두 개의 구멍이 뚫린 통을 촛불에 덮어씌웠다.

"연소가 일어나는 곳에서 공기가 어떻게 움직이는지 실험으로 보여 줄게. 촛불이 들어 있는 통의 위쪽 구멍과 아래쪽 구멍에 향 연기를 갖다 댈 때 연기가 어떻게 움직이는지 관찰해 보렴."

아이들은 향 연기를 통의 구멍에 대어 보았다.

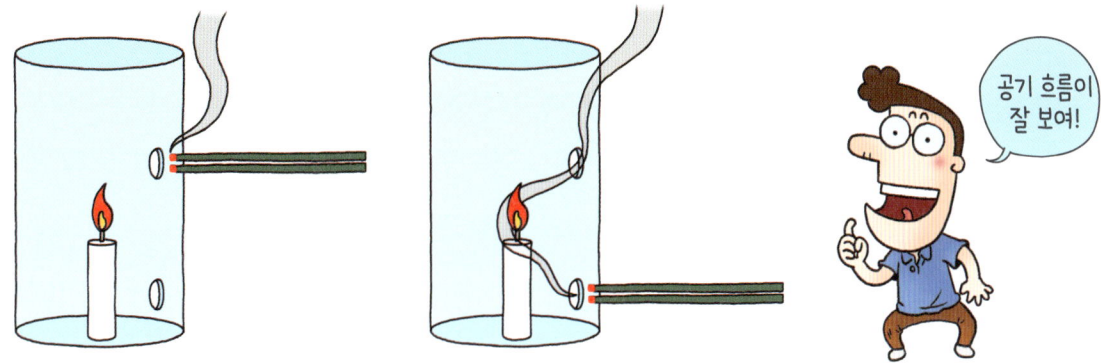

"흠, 위쪽 구멍으로는 연기가 안 들어가요."

"아래쪽 구멍에 갖다 대니 연기가 들어가요. 그리고 위쪽 구멍으로 연기가 빠져나와요."

"잘 관찰했어. 촛불 주변의 공기는 촛불의 아래에서 위를 향해 움직여. 이 얘긴 공기가 주로 촛불 아래에서 공급되고, 연소 후 생긴 물질들은 촛불 위로 빠져나간다는 거지."

"촛불 말고 다른 불 주변에서도 공기가 아래에서 위로 움직이나요?"

"그래. 연소가 일어나는 다른 곳에서도 공기는 아래에서 공급되어 위로 빠져나가. 그래서 연소를 일으키는 장치에는 이런 공기의 흐름을 고려하여 구멍이 뚫려 있어."

"그런 구멍이 있어요?"

"그렇단다. 예전에 쓰던 기름 램프에는 바람이 불어 불

▲ 촛불 주변 공기의 움직임

이 꺼지는 것을 막기 위한 유리 덮개가 있었어. 대신 덮개의 아래에 공기가 들어갈 구멍을, 덮개의 위에 연소 후 생긴 물질들이 나올 구멍을 뚫어서 불이 꺼지지 않고 연소가 계속될 수 있게 했지."

"램프의 조그만 구멍에 과학적 원리가 숨어 있었네요."

"램프뿐 아니라 벽난로도 마찬가지야. 아래쪽에 공기가 들어가는 구멍이 있고 집 밖으로 연결된 굴뚝을 통해 연소 후 생긴 물질들이 빠져나갈 수 있게 되어 있단다."

"오, 옛날 사람들도 연소할 때 공기가 필요하다는 걸 알았나 봐요. 연소 후에 새로운 물질이 만들어지는 것도요."

"그럼! 지금 우리가 사용하는 연소 장치에도 이런 구멍들이 있단다. 구멍을 크게 해서 불을 세게 하거나, 구멍을

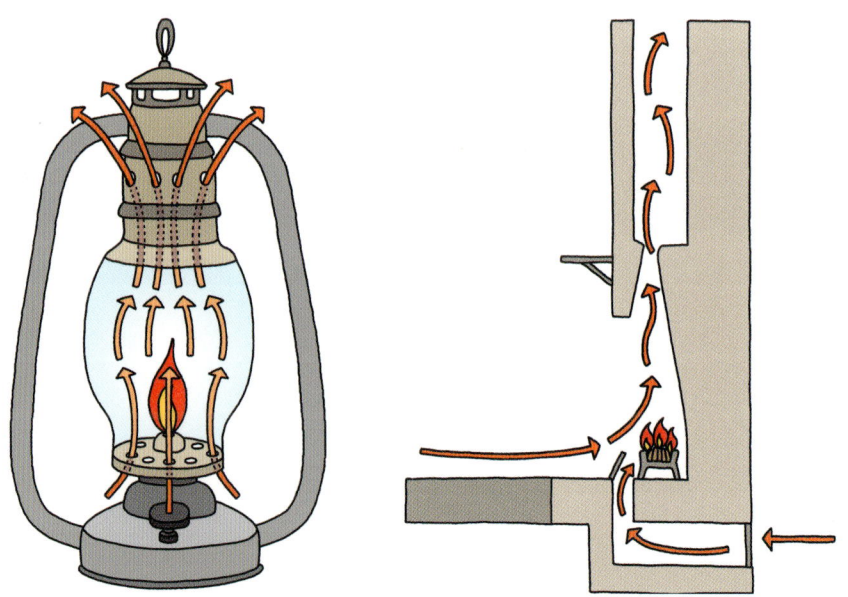

▲ 기름 램프와 벽난로에서 연소가 일어날 때 공기의 흐름

연소로 생긴 물질이 나가는 곳

공기가 들어가는 곳

▲ 숯불 구이 화로

구멍의 크기를 조절하는 장치

▲ 난로

공기가 들어가는 곳이자 구멍의 크기를 조절하는 장치

작게 해서 불을 약하게 할 수도 있지."

용선생이 띄운 사진을 보며 아이들이 입맛을 다셨다.

"사진 보니까 숯불에 고기 구워 먹고 싶어요!"

"난 군고구마!"

"선생님, 다음 수업 때는 실험 재료로 고구마나 감자 어때요? 연소 실험도 하고 간식도 먹고 좋잖아요!"

"하하! 그럴까?"

핵심정리

불완전 연소로 생기는 그을음이나 일산화 탄소를 줄이려면 연소 장치에 공기가 들어갈 구멍과 연소로 생긴 물질이 나올 구멍이 있어야 해.

 # 나선애의 정리노트

1. 완전 연소
① 산소가 풍부한 곳에서 연료가 완전히 연소하는 현상
② 연소 후 생기는 물질: 물, ⓐ ☐

2. 불완전 연소
① ⓑ ☐ 가 부족한 곳에서 연료가 불완전하게 연소하는 현상
② 연소 후 생기는 물질: 물, 이산화 탄소, 그을음, ⓒ ☐

3. 연소 장치에서 연소가 잘 일어나려면?
· ⓓ ☐ 가 들어갈 구멍과 연소로 생긴 물질이 나올 구멍이 필요함.

ⓐ 이산화 탄소 ⓑ 산소 ⓒ 일산화 탄소 ⓓ 공기

과학퀴즈 달인을 찾아라!

●정답은 115쪽에

01

친구들이 이번 시간에 배운 내용에 대해 이야기하고 있어. 옳으면 O, 옳지 않으면 X를 표시해 줘.

① 연소 후에 생긴 물은 석회수를 뿌옇게 만들어. (　　)

② 불 주변의 공기는 위에서 아래 방향으로 움직여. (　　)

③ 불완전 연소로 생긴 일산화 탄소를 많이 들이마시면 목숨을 잃을 수도 있어. (　　)

02

장하다가 용선생의 간식 상자를 발견했는데 비밀번호로 잠겨 있어. 힌트가 적힌 쪽지의 빈칸을 모두 채우면 비밀번호를 알 수 있대. 장하다가 간식을 먹을 수 있게 도와줘.

□에 들어갈 숫자를 순서대로 누르시오.

힌트1 연료가 완전 연소되면 물과 □산화 탄소가 생겨.

힌트2 연소 장치에는 공기가 잘 흐르도록 □멍이 뚫려 있어.

힌트3 불완전 연소하면 물과 이산화 탄소 말고도 그을음이나 □산화 탄소 같은 물질도 생겨.

힌트4 연소 후에 생긴 물은 염화 코발트 종□를 붉은색으로 변하게 해.

👍 알았다! 암호는 □□□□야!

| 용선생의 과학 카페 | 용선생의 한국사 카페 | 용선생의 세계사 카페 |

https://cafe.naver.com/yongyong

용선생의 과학 카페

과학계의 핵인싸,
용선생의 과학 카페에
오신 걸 환영합니다.

Log in

오늘은 어떤 재미난 지식을 올려 볼까?

MENU

물리면 아프다
화학이 화하하
생물 오징어
지구는 둥글다

매연 대신 물이 나오는 자동차

우리가 타고 다니는 자동차는 기름을 연소시켜서 움직여. 기름은 탄소와 수소, 질소, 황 같은 물질로 이루어져 있어. 그래서 자동차에서 기름이 연소하여 생기는 매연에는 이산화 탄소와 물, 일산화 탄소, 그을음 외에 질소나 황이 산화된 물질도 들어 있지. 이러한 매연 속 물질들이 환경 오염을 일으킨단다.

만약 매연이 생기지 않는 자동차를 탄다면 환경 오염을 걱정할 필요가 없겠지? 아무리 많이 달려도 매연이 전혀 생기지 않는 자동차가 있어. 바로 수소 자동차야. 수소 자동차는 어떻게 매연이 생기지 않는 걸까?

수소 자동차는 연료로 기름 대신 수소를 써. 수소는 연료 전지가 있는 곳에서 산소와 만나 산화 반응을 해서 물로 바뀌며 전기를 일으켜. 이때 발생한 전기로 자동차가 움직이는 거야. 그리고 차 밖으로는 물만 나올 뿐 어떤 종류의 매연도 내보내지 않지. 정말 멋지지 않니?

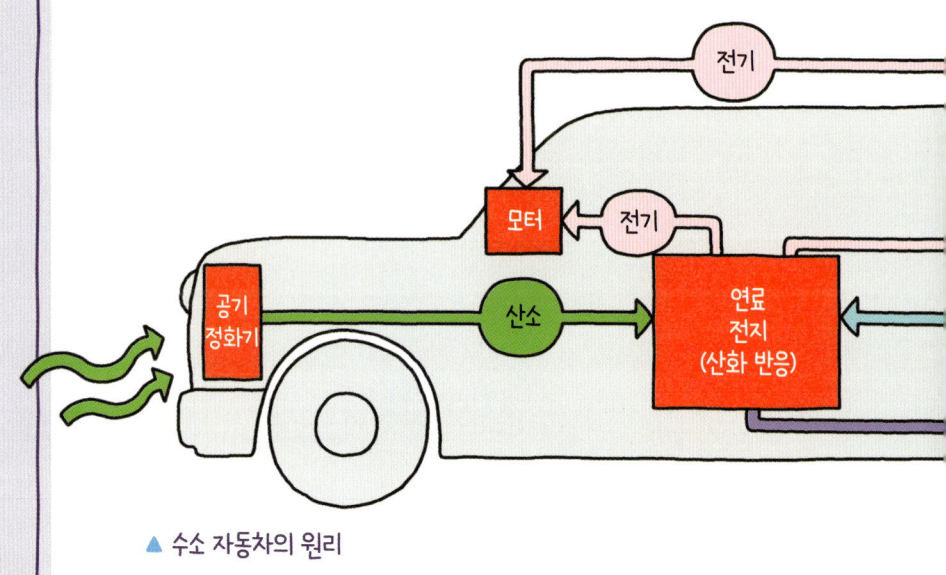

▲ 수소 자동차의 원리

요즘 공기 중에 미세 먼지가 많아져서 사람들의 건강을 해치고 있어. 수소 자동차를 타면 공기 중의 미세 먼지를 줄일 수 있다는 거 아니? 수소가 잘 산화되려면 깨끗한 공기가 필요하기 때문에 수소 자동차에 공기 정화기가 설치되어 있거든. 이 공기 정화기로 주변 공기를 정화하여 수소 연료를 산화시키는 데 사용하고, 남은 깨끗한 공기를 차 밖으로 내보내. 이 과정에서 미세 먼지가 대부분 걸러지는 거야. 매연도 생기지 않고 미세 먼지도 걸러 주니까 수소 자동차를 친환경 자동차라고 부른단다.

장하다의 오답을 피하는 방법
나선애의 야무진 실험실
왕수재의 아는 척 과학교실
허영심의 별 헤는 밤
곽두기의 빅뱅 따라잡기

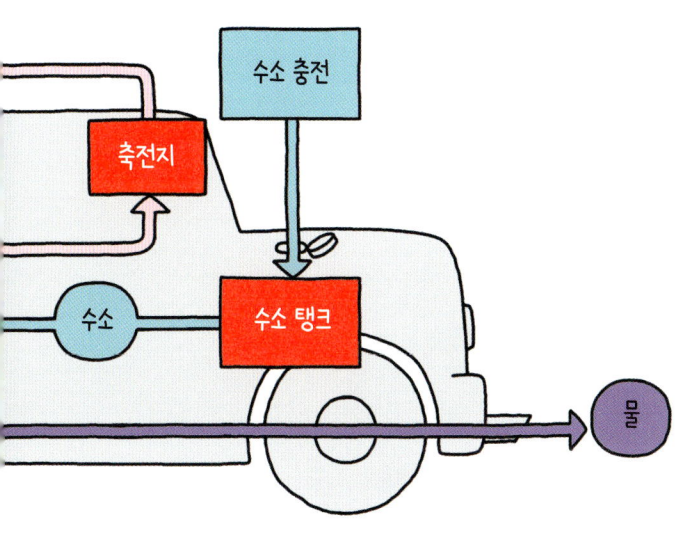

COMMENTS

 수소 자동차 말고 또 어떤 친환경 자동차가 있을까?

ㄴ 암소 자동차?

ㄴ 황소 자동차? ㅋㅋ

5교시 | 우리 주변의 환원 반응

고려청자가 만들어진 비결은?

고려청자는 왜 그렇게 유명한 거예요?

오, 고려청자다!

고려청자의 신비한 푸른색 덕분이지.

교과연계

초 6-1 여러 가지 기체
초 6-2 연소와 소화

푸른색이 어떻게 만들어지는데요?

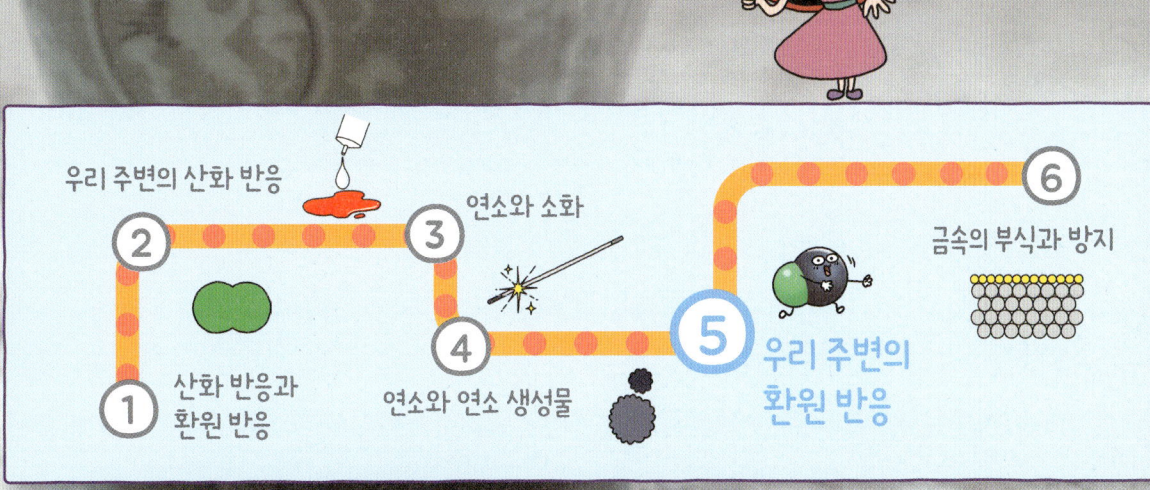

1 산화 반응과 환원 반응
2 우리 주변의 산화 반응
3 연소와 소화
4 연소와 연소 생성물
5 우리 주변의 환원 반응
6 금속의 부식과 방지

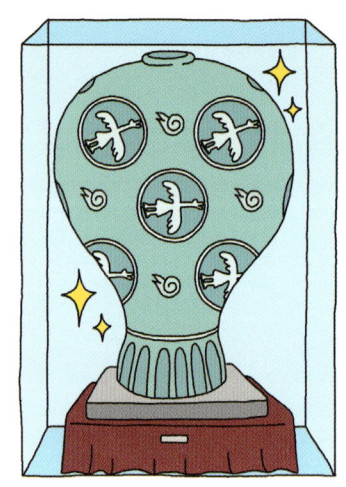

"어제 가족들이랑 다 같이 국립박물관에 가서 고려청자 특별전을 보고 왔어. 외국인도 많이 보러 왔더라고."

"고려청자는 세계적으로 유명하잖아."

그때 나선애와 허영심 사이로 용선생이 끼어들며 말했다.

"고려청자가 유명한 까닭은 독특한 푸른색 때문이지. 옛날에는 그렇게 아름다운 도자기 색을 내기가 무척 어려웠거든."

"고려청자의 푸른색을 내는 게 어려운 일이었어요?"

"그럼. 산소의 성질을 잘 알아야 고려청자의 아름다운 푸른색을 만들 수 있단다."

"네? 산소의 성질이요?"

"고려청자의 푸른색이 산소랑 무슨 상관인데요?"

고려청자가 탄생하는 가마는?

"그러면 도자기가 어떻게 만들어지는지부터 알아볼까? 먼저 흙으로 빚은 도자기를 가마 안에 넣어. 그리고 가마 입구에서 장작을 태우면서 가마 안의 온도를 1000℃ 이상으로 올려서 도자기를 굽는 거야. 이렇게 구웠다가 식히면 우리가 아는 단단한 도자기가 되지. 모든 도자기는 이렇게 높은 온도에서 만들어져."

"오, 그렇군요. 그럼 보통의 도자기와 우리나라의 고려청자는 어떤 점이 다른데요?"

"그건 도자기를 굽는 가마를 보면 알 수 있어. 고려 시대에는 도자기의 색에 따라 가마의 종류를 다르게 했단다."

곽두기의 낱말 사전

가마 도자기를 굽는 시설로, 벽돌과 흙을 이용해 만들어.

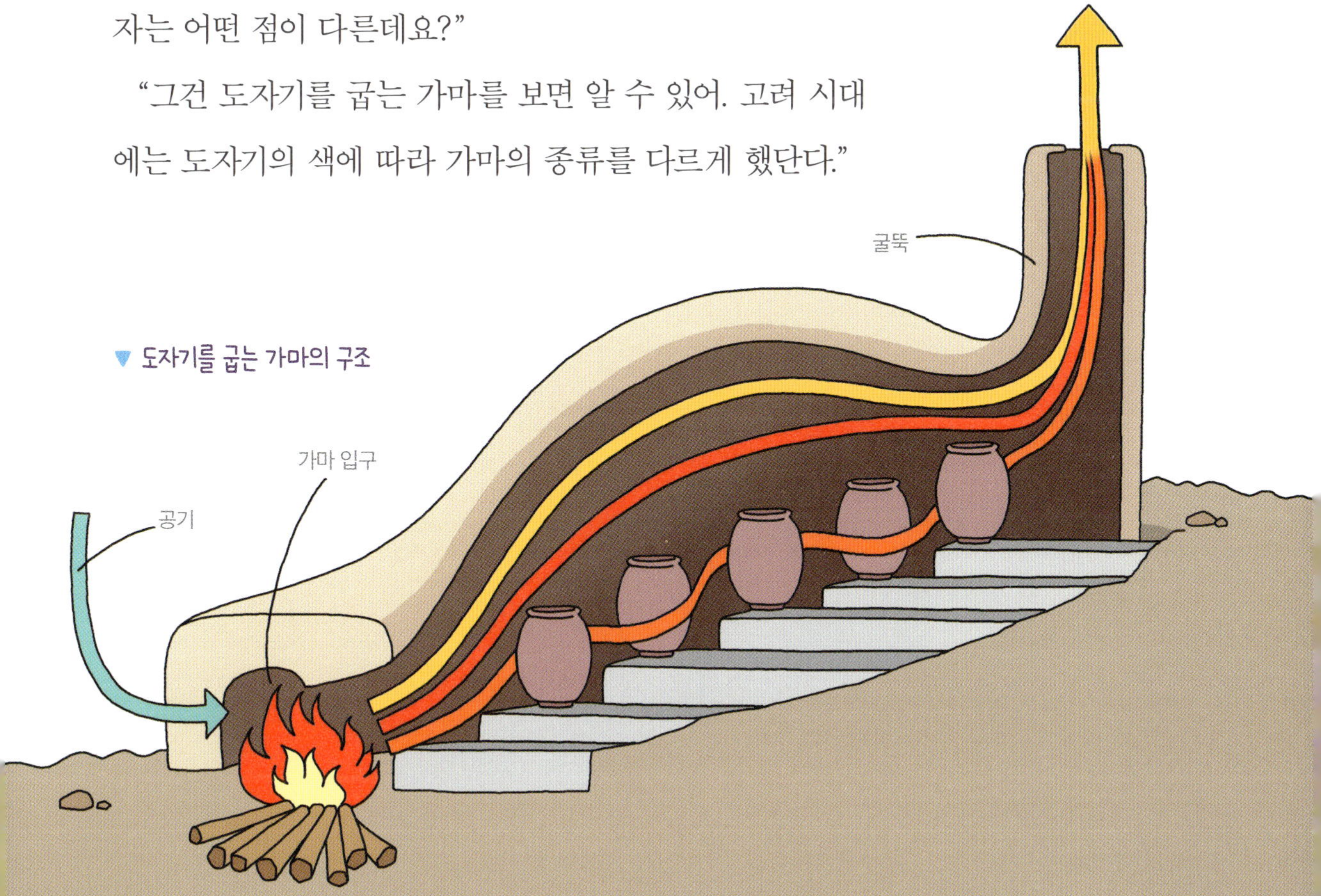

▼ 도자기를 굽는 가마의 구조

굴뚝
공기
가마 입구

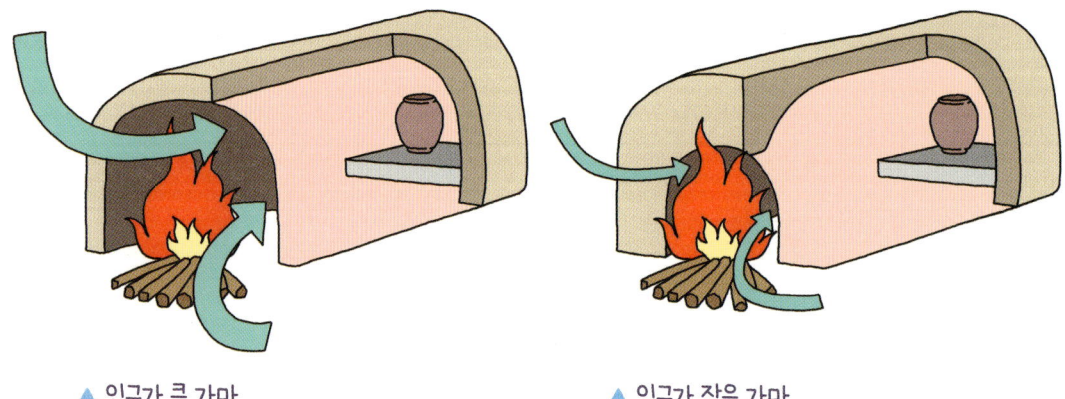

▲ 입구가 큰 가마 　　　　　▲ 입구가 작은 가마

용선생은 새로운 그림을 띄우고 말했다.

"그림 속 두 가마에서 다른 점을 찾아볼래?"

"음……. 왼쪽 가마는 입구가 크고, 오른쪽 가마는 입구가 작아요."

"오, 잘 찾았어. 이렇게 가마 입구의 크기가 다르면 도자기를 굽는 동안 각각의 가마 속으로 들어가는 공기의 양이 서로 다르지."

나선애가 노트를 뒤적이며 말했다.

"공기가 들어가는 구멍의 크기가 크면 불이 탈 때 더 많은 산소가 쓰이겠네요?"

"그렇지. 입구가 큰 가마는 바깥 공기가 안으로 많이 들어가서 산소가 충분히 공급되니까 연소가 잘 일어나. 하지만 입구가 작은 가마는 공기가 조금 들어가다 보니 산소가 부족해지지."

"그러면 입구가 작은 가마에서는 불완전 연소가 일어나겠네요?"

"맞아! 그래서 이산화 탄소와 물, 거기에 더해 일산화 탄소와 그을음까지 생겨."

곽두기가 눈을 동그랗게 뜨고 물었다.

"가마 안에 그을음이 생기면 도자기도 까맣게 되는 거 아니에요?"

"하하, 두기 말대로 도자기에 그을음이 묻지. 그런데 그을음을 닦아 내면 푸른색이 드러난단다."

"아, 입구가 작은 가마에서 푸른색의 고려청자가 만들어지는군요."

"그렇단다. 이와 달리 입구가 큰 가마에서는 붉은색 도자기가 만들어지지."

"헐, 가마 입구의 크기가 다르다고 도자기의 색이 달라지다니!"

"그러게. 입구가 작은 가마에서는 어째서 푸른색 도자기가 만들어지나요?"

핵심정리

푸른색의 고려청자는 입구가 작은 가마에서 만들어져. 반면 입구가 큰 가마에서는 붉은색의 도자기가 만들어지지.

곽두기의 낱말 사전

유약 도자기 표면에 바르는 약이야. 도자기에 물이 스며들지 않게 하고, 겉면에 윤이 나게 해.

▲ **산화 철** 철과 산소가 결합해 붉은색을 띠는 물질이야. 녹슨 철도 산화 철이야.

▲ **〈청자 철화 조충문 매병〉** (삼성미술관 리움 소장) 입구가 큰 가마에서 만들어져서 붉은색을 띠어.

가마 안에서 어떤 일이?

"그건 바로 도자기에 있는 철 때문이야. 도자기의 재료인 흙과 유약에는 아주 조금이지만 철이 들어 있어. 바로 그 철이 도자기의 색깔을 결정하지. 지난번에 철은 산소와 반응을 잘 하는 금속이라고 했던 거 기억하니?"

왕수재가 고개를 끄덕이며 말했다.

"네, 자연에서 철은 모두 산소와 결합한 상태로 존재한다고 하셨어요."

"그래. 도자기에 들어 있는 철도 산소와 결합한 상태란다. 입구가 큰 가마에서는 가마 속으로 산소가 충분히 들어가서 연료 대부분이 완전 연소 돼. 이때 도자기에 있는 산화 철은 산소를 잃지 않고 산화된 상태 그대로 있게 되지. 그 결과 산화 철의 붉은색이 그대로 나타나서 도자기가 붉은색이 되는 거야."

"그럼 입구가 작은 가마에서는 완전 연소가 되지 않아서 도자기가 푸른색이 되는 건가요?"

"맞아. 정확히 말하면 불완전 연소로 생긴 일산화 탄소 때문에 푸른색이 되는 거야."

"일산화 탄소요? 일산화 탄소는 우리 몸에 아주 위험한 물질이라고 하셨잖아요?"

"우리 몸에는 해롭지만 고려청자를 만들 때에는 오히려 도움이 돼. 일산화 탄소는 산화 철의 산소를 빼앗아 자기가 산소와 결합하거든. 그럼 산화 철이 사라지니 도자기의 붉은색도 사라지고, 도자기에 남은 물질들이 서로 반응하여 푸른색을 띠게 되지."

"그럼 산화 철은 산소를 빼앗겼으니까 환원된 거네요?"

"맞아. 일산화 탄소는 반응성이 매우 강해서, 다른 물질에 붙어 있는 산소마저 떼어 내 결합해. 다시 말하면 다른 물질을 환원시키면서 자신은 산화된다는 거지. 이런 과정으로 일산화 탄소는 산소와 결합해 이산화 탄소가 된 뒤 공기 중으로 사라진단다."

"오, 알고 보니 일산화 탄소가 쓸모 있을 때도 있네요."

▲ 〈청자 투각 칠보문 뚜껑 향로〉 (국립중앙박물관 소장) 입구가 작은 가마에서 만들어져서 푸른색을 띠어.

▲ 일산화 탄소는 고려청자의 산화 철을 환원시켜.

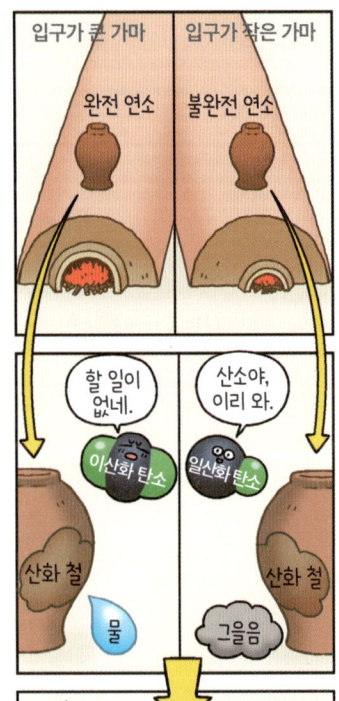
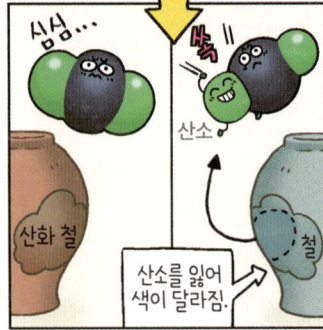

"그렇지? 선조들은 고려청자에 붉은색 무늬를 나타낼 때에도 일산화 탄소를 이용한 환원 반응을 이용했어."

"붉은색도요?"

"응. 구리는 원래 붉은색인데 때로 산화되어 검은색의 산화 구리 상태로도 존재해. 이 산화 구리로 도자기에 무늬를 입힌 뒤 입구가 작은 가마에 구우면, 일산화 탄소가 산화 구리를 환원시켜서 구리의 붉은색이 드러나지."

"우아! 우리 선조들은 불과 산소를 다루는 기술이 정말 뛰어났네요."

"맞아. 고려청자가 당시는 물론이고 지금까지도 최고의 도자기로 인정받는 데에는 환원 반응이 한몫했지."

▲ 〈청자 진사 연화문 표형 주자〉
(삼성미술관 리움 소장) 산화 구리를 환원시켜 붉은색 무늬를 나타냈어.

 **핵심정리**

산소가 부족한 가마에서 도자기를 구우면 일산화 탄소가 생겨 도자기 속 산화 철을 환원시켜. 그 결과 푸른색 고려청자가 만들어지지.

우리 몸에서도 환원 반응이?

"혹시 일산화 탄소가 우리 몸에 해로운 것도 환원과 관련이 있나요?"

나선애가 조용히 손을 들고 물었다.

"오, 어쩌다 그런 생각을 하게 됐니?"

"사람이 살려면 산소가 꼭 필요하잖아요. 그런데 일산화 탄소가 몸속에 들어와서 우리 몸에 필요한 산소를 빼앗아 가는 건 아닌가 하는 생각이 들었어요."

"하하, 아주 과학적인 추측이구나. 일단 우리 몸속에 들어온 일산화 탄소가 환원을 일으키는 건 맞아. 하지만 고려청자를 만들 때 산소를 빼앗는 것과는 조금 다르단다."

"어떻게 달라요?"

"숨을 쉴 때 몸 안에 들어온 산소는 피 속에 있는 헤모글로빈이라는 물질과 결합해 온몸의 세포로 퍼져. 세포는 이 산소를 이용해 에너지를 만들고 살아가지. 그런데 일산화 탄소를 들이마시면 문제가 생겨. 일산화 탄소는 헤모글로빈과 결합하려는 성질이 산소보다 200배나 강하거든."

"어? 일산화 탄소가 산소랑 결합하는 게 아니에요?"

"그렇단다. 몸속으로 들어간 일산화 탄소는 헤모글로빈

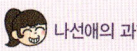 나선애의 과학 사전

헤모글로빈 피 속 적혈구에 있는 붉은색을 띠는 물질로, 산소를 운반하는 일을 해.

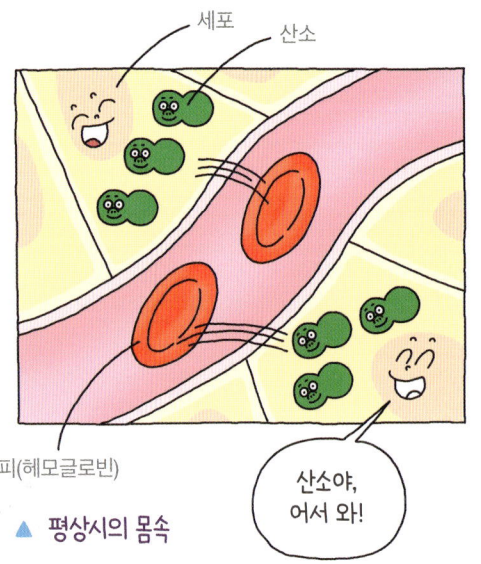
▲ 평상시의 몸속

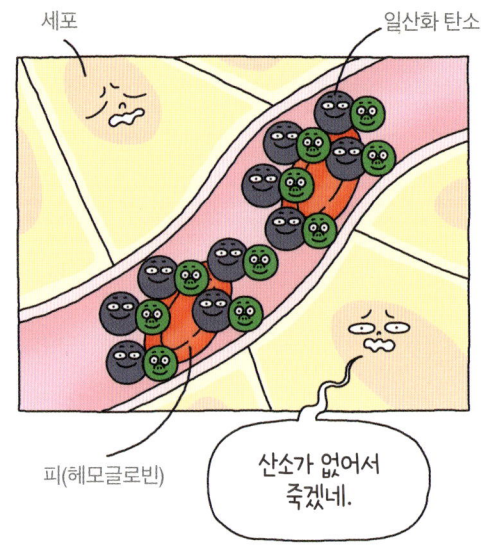
▲ 몸속에 일산화 탄소가 들어왔을 때

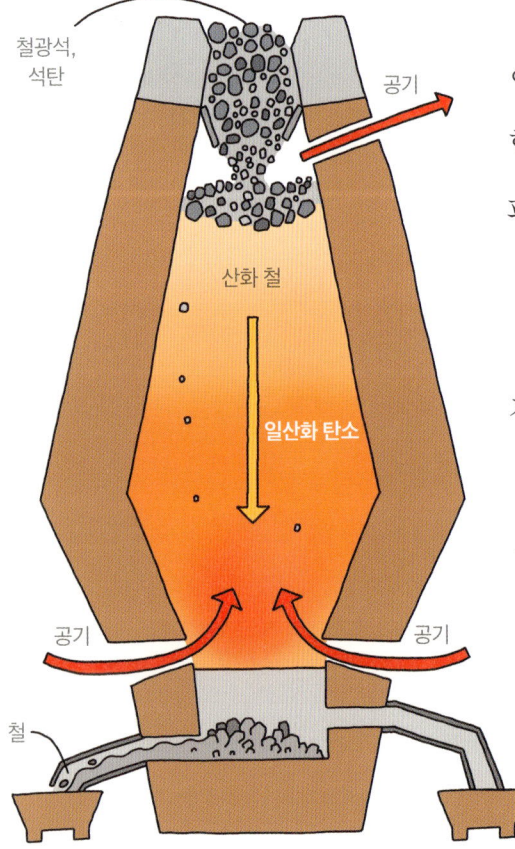
▲ 제철소에서 철을 만드는 과정

에서 산소를 떼어 내고 자신이 헤모글로빈과 결합해. 다시 말해 일산화 탄소는 산소와 결합한 피 속 헤모글로빈을 환원시키는 거야."

"그럼 어떻게 돼요? 정말 죽을 수도 있어요?"

"먼저 몸속 세포들이 피를 통해 산소를 공급받지 못하니 하나둘씩 죽게 돼. 세포들이 죽다 보면 뇌 같은 몸속 기관들도 서서히 활동을 멈추고, 아주 심각해지면 목숨을 잃기도 하지."

"헉! 정말 위험하네요. 나도 모르게 일산화 탄소를 마시면 어떡해요?"

"하하, 평소에 환기를 잘 시키면 괜찮으

니까 너무 걱정할 필요는 없어."

"어휴, 이렇게 환원을 잘 일으키다니 놀랍네요."

"그렇지? 일산화 탄소처럼 다른 물질을 환원시키는 물질을 환원제라고 해. 제철소에서 순수한 철을 얻기 위해 산화 철에서 산소를 떼어 낼 때에도 일산화 탄소를 환원제로 이용한단다."

"다른 물질을 산화시키는 산화제만 있는 줄 알았더니, 환원제도 있었군요."

"그럼! 자연에 있는 물질들은 대부분 산화된 상태로 존재하다 보니 일산화 탄소 같은 환원제가 필요할 때도 많지."

그러자 왕수재가 책상을 탁 쳤다.

"좋은 생각이 났어요. 이제부터 고려청자를 '환원이 만들어 낸 걸작'이라고 부르는 게 어때요?"

"어휴, 저 잘난 척쟁이!"

"하하! 오늘 수업은 여기까지!"

핵심정리

몸속에 일산화 탄소가 들어오면 산소와 결합한 피 속 헤모글로빈을 환원시켜 세포로 산소가 공급되지 못해. 일산화 탄소처럼 다른 물질을 환원시키는 물질을 환원제라고 해.

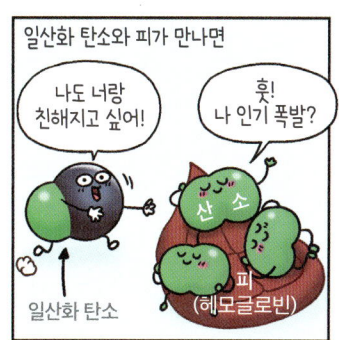
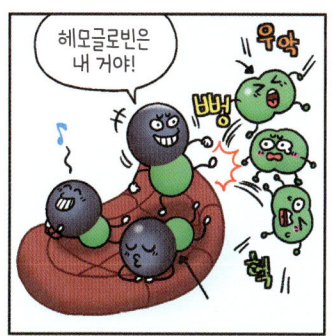

 나선애의 정리노트

1. 고려청자를 만드는 가마의 특징

일반 가마	구분	고려청자 가마
큼.	가마 입구 크기	작음.
완전 연소	연소	ⓐ
이산화 탄소, 물	연소 후 생긴 물질	이산화 탄소, 물 ⓑ , 그을음
그대로 유지됨.	도자기 재료 속 산화 철	ⓒ 됨.
ⓓ	도자기 색	푸른색

2. ⓔ

- 다른 물질을 환원시키는 물질

  예 일산화 탄소는 산소와 결합한 피 속 헤모글로빈이나 산화 철을 환원시킴.

ⓐ 불완전 연소 ⓑ 일산화 탄소 ⓒ 환원 ⓓ 붉은색 ⓔ 환원제

 **과학퀴즈** 달인을 찾아라!

●정답은 115쪽에

01

친구들이 이번 시간에 배운 내용에 대해 이야기하고 있어. 옳으면 O, 옳지 않으면 X를 표시해 줘.

① 도자기를 구울 때 산소가 많을수록 환원 반응이 잘 일어나. ( )

② 입구의 크기가 작은 가마에서는 그을음이 많이 생겨. ( )

③ 우리 몸에 들어간 일산화 탄소는 피 속 헤모글로빈을 환원시켜. ( )

02

왕수재가 고려청자 박물관에 가려고 해. 고려청자를 만드는 가마와 관련된 단어가 있는 길을 골라야 도착할 수 있어. 박물관은 어느 길로 가야 할까?

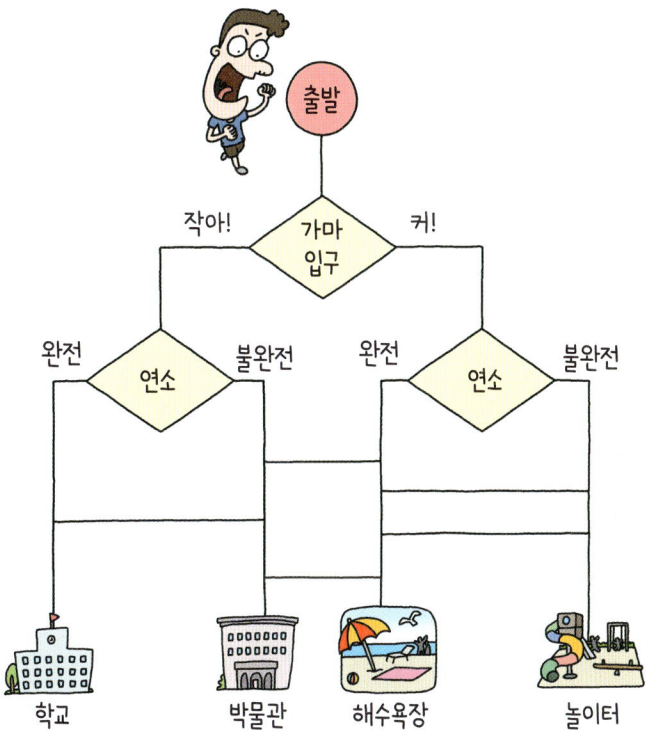

교과연계

초 6-1 여러 가지 기체
초 6-2 연소와 소화

그런 금속이 있는지 함께 알아볼까?

녹슬지 않는 금속은 없나?

① 산화 반응과 환원 반응
② 우리 주변의 산화 반응
③ 연소와 소화
④ 연소와 연소 생성물
⑤ 우리 주변의 환원 반응
⑥ 금속의 부식과 방지

"얘들아, 어제 현장 학습 잘 갔다 왔니?"

"네, 임진각에 다녀왔어요. 북한이 그렇게 가까운 줄 몰랐어요!"

"거기에 아주 오래된 증기 기관차가 있던데요? 전 그게 제일 기억에 남아요."

"맞아요. 정말 어마어마하게 녹이 슬었더라고요."

"철로 만든 기차를 수십 년 동안 내버려 뒀으니 녹슬 수밖에 없지."

"만약에 녹슬지 않는 금속으로 만들었다면 괜찮지 않았을까?"

"야, 그런 게 세상에 어디 있냐?"

"있고말고! 이번 시간에 함께 알아볼까?"

"네! 좋아요."

녹슬지 않는 금속이 있을까?

"지난 시간에 철이 공기 중의 산소와 만나면 녹으로 변한다고 배운 것 기억나지?"

"네. 철이 녹스는 것도 산화 반응이라고 하셨어요."

"그래. 철 같은 금속은 산소뿐 아니라 물과 만나도 녹이 잘 슬지. 녹이 슬면 금속은 점점 약해지고 광택이 사라져. 그러다 닳아 없어지기도 해. 이런 걸 금속이 부식된다고 한단다."

"임진각에 있는 증기 기관차가 녹슬고 낡은 것도 부식돼서 그런 거예요?"

"그렇지."

"그러면 부식이 안 되는 금속은 뭔데요?"

"바로 금과 은이란다. 금과 은은 산소나 물과 거의 반응하지 않아서 부식이 잘 안 돼. 이런 특성 덕분에 금이나 은으로 된 유물은 오랜 세월이 지나도 원래 모습에 가깝게 남아 있는 경우가 많아."

용선생은 금으로 된 유물 사진을 띄웠다.

"지금까지 발견된 금속 유물 중에는 금과 은으로 된 게 가장 많아. 무려 수천 년 이상 된 것도 많지."

> **나선애의 과학 사전**
>
> **광택** 물체의 표면에서 반짝거리는 빛을 말해. 금속은 대부분 광택이 있어.
>
> **부식** 썩을 부(腐) 좀먹을 식(蝕). 금속이 산소나 물과 화학 반응하여 삭는 것을 말해.

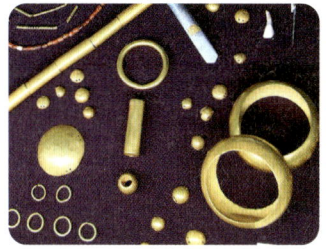
▲ **금으로 된 유물** 불가리아에서 발견된 장신구로 약 6,600년 이상 되었어.

"아하, 금과 은은 예쁘고 부식도 안 돼서 옛날 사람들도 좋아했나 봐요. 그래서 귀한 건가?"

"하하, 맞아. 그런데 말이야, 녹이 생기면서도 부식이 잘 안 되는 금속도 있단다."

"녹이 스는데 부식이 안 된다고요? 어떻게 그런 일이 있을 수 있어요?"

"구리가 그런 금속이야. 구리는 공기 중에 물이 많으면 쉽게 녹이 슬어. 그런데 이 녹이 보호막 역할을 해서 녹 안쪽에 있는 구리가 부식되는 걸 어느 정도 막아 줘."

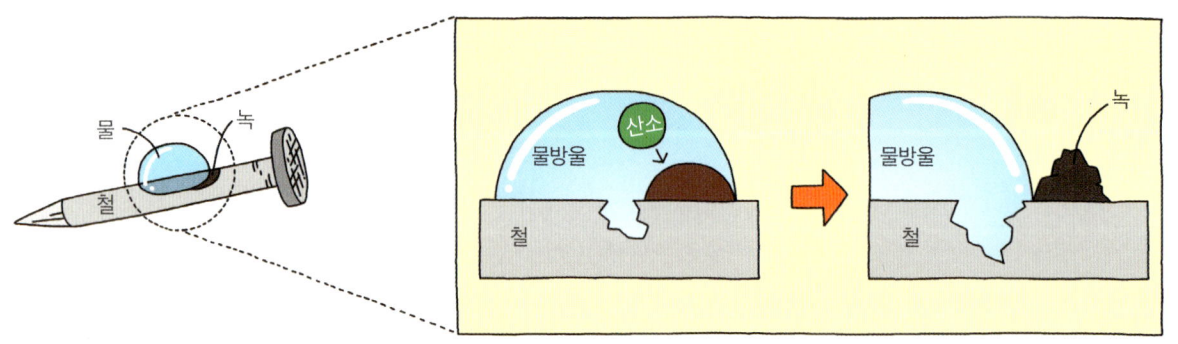

▲ **일반적인 금속의 녹** 녹이 불규칙하게 생기고, 금속 표면에서 잘 떨어져 나가.

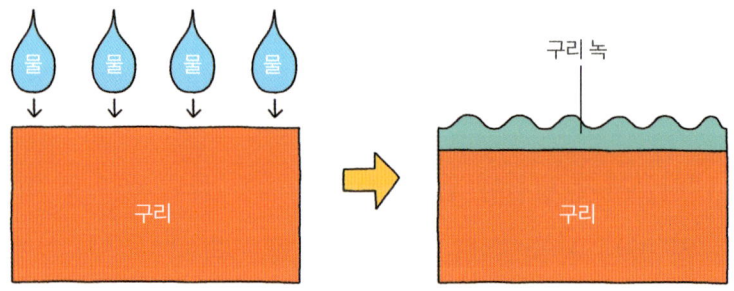

▲ **구리의 녹** 녹이 금속 표면을 따라 고르게 생기고, 잘 떨어져 나가지 않아 보호막 역할을 해.

"와, 녹이 보호막이 돼서 부식이 덜 된다니, 독특하네요."

"구리는 세계 곳곳에 매장량이 많고 원하는 모양으로 만들기 쉬운 금속이야. 게다가 부식에도 강하기 때문에 옛날부터 오늘날까지 아주 많이 쓰이고 있어. 비록 녹이 생기면 색이 변하기는 하지만 말이야."

"색이 어떻게 변하는데요?"

"우리나라 국회 의사당의 지붕과 미국에 있는 자유의 여신상을 보면 알 수 있어. 둘 다 구리로 만들어져서 처음에는 붉은색을 띠었지만, 지금은 산화 반응으로 녹이 생겨 푸른색이 됐지."

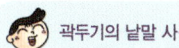
곽두기의 낱말 사전

매장량 금속, 석탄, 석유 등의 자원이 땅속에 묻혀 있는 양을 말해.

▲ 광산에서 캐낸 구리 구리는 원래 붉은색을 띠어.

구리로 된 지붕
▲ 우리나라의 국회 의사당

"정말요? 원래 푸른색인 줄 알았는데……."

"이 푸른색 녹이 구리의 보호막 역할을 하는 거야. 구리뿐 아니라 알루미늄도 녹이 보호막 역할을 해서 부식이

▲ 미국의 자유의 여신상

▲ 알루미늄으로 만든 포일

덜 일어나게 하는 금속이지."

"아, 알루미늄 포일의 그 알루미늄이요?"

"맞아. 사실 알루미늄은 쉽게 산화되는 금속이야. 하지만 산화 반응으로 표면에 생긴 단단하고 투명한 녹이 안쪽 알루미늄의 부식을 막아 줘. 우리가 쓰는 알루미늄 제품들은 이 녹을 따로 없애지 않은 상태니까 부식이 잘 일어나지 않지."

"녹이 투명하다니 정말 신기하네요."

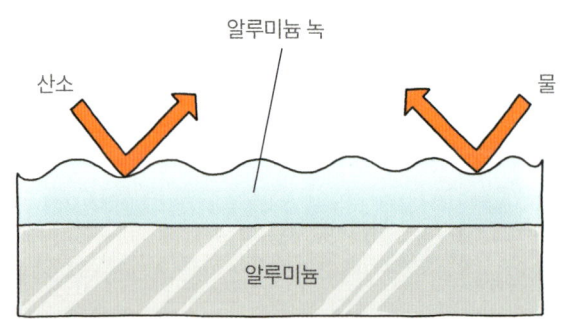

▲ 알루미늄의 녹

핵심정리

대부분의 금속은 산소나 물과 만나면 녹이 생기고 점점 닳아 없어져. 이를 부식이라고 해. 금과 은은 부식이 거의 일어나지 않아. 구리와 알루미늄은 바깥쪽에 슨 녹이 보호막처럼 작용해 안쪽에 부식이 덜 일어나.

금속끼리 합치면?

"근데 과학실로 올라오는 계단 난간 보셨어요? 거기에 녹이 슬기 시작했던데요. 금이나 은으로 만들었다면 녹슬지 않았을 텐데……."

"구리로 만들었다면 녹이 슬어도 걱정 없었겠죠?"

"하하, 그렇다고 모든 물건을 금, 은, 구리로 만들 수는 없지 않겠니? 사람들도 오랫동안 고민이 많았단다. 어떻게 하면 금속의 부식을 최대한 늦출 수 있을지 말이야. 그래서 몇 가지 방법을 찾았어."

"정말요? 그게 뭔데요?"

"하나는 금속 표면을 다른 금속으로 얇게 덧입히는 거야. 이걸 도금이라고 해. 예를 들어 철처럼 부식이 잘 되는 금속의 표면에 금이나 은처럼 부식이 잘 안 되는 금속을 덧입히면 철의 부식을 어느 정도 막을 수 있어."

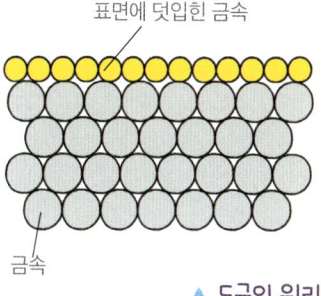
▲ 도금의 원리

▲ 철에 주석을 덧입혀 만든 깡통

▲ 철에 금을 덧입혀 만든 텔레비전 부품

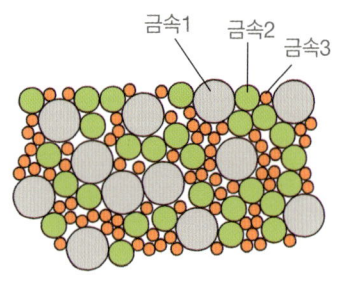

▲ 합금의 원리

▼ 스테인리스강을 이용해 건축한 미국의 월트디즈니 콘서트홀

"오, 정말 괜찮은 방법인데요."

"하지만 이것도 완벽한 방법은 아니야. 세월이 지나면 도금이 벗겨지고 그 틈으로 산화가 일어나서 부식되거든."

"그럼 도금 말고 다른 방법은 뭔데요?"

"바로 합금이야. 합금은 여러 종류의 금속을 높은 온도에서 녹인 뒤 섞어 새로운 금속으로 만든 거야. 사실 우리 주변에서 볼 수 있는 금속 대부분이 합금이지."

"어느 게 합금인데요?"

"스테인리스강이라고 들어 봤니? 흔히 스테인리스라고 부르기도 하는데, 부식이 잘 되는 철에 부식이 잘 안 되는 크롬이나 니켈 같은 금속을 섞어서 만든 합금이야."

▲ 스테인리스강으로 만든 수도꼭지

▲ 스테인리스강으로 된 주방 기구들

"아, 스테인리스 들어 봤어요! 숟가락, 젓가락도 스테인리스로 만든 거죠?"

"하하, 맞아. 스테인리스강은 물에 닿아도 잘 부식되지 않는 데다가 단단하고 열에도 잘 견디지. 그래서 화장실같이 물이 많은 곳이나, 주방같이 물과 불을 쓰는 곳에서 많이 사용해. 또 건물을 지을 때 건축 재료로도 사용한단다."

"와, 스테인리스강은 무적의 금속이군요!"

"하하, 그렇다고 스테인리스강이 부식이 전혀 안 되는 건 아니야. 철에 비하면 부식이 아주 느리다는 거지."

핵심정리

금속의 부식을 늦추는 방법으로는 도금이나 합금이 있어.

 ## 부식을 막는 더 간단한 방법은?

"그러면 계단 난간에 녹이 슬지 않게 하려면 처음부터 도금을 하거나 합금으로 만들어야 했나요?"

"도금을 하거나 합금을 쓰지 않아도 부식을 막을 수 있는 방법이 또 있어. 부식이 일어나는 까닭이 금속 표면에 물이나 산소가 닿아서라고 했지? 그럼 금속 표면에 물이나 산소가 닿지 않게 막으면 된단다."

"어떻게 막아요?"

"물과 친하지 않은 기름이나 페인트를 금속 표면에 바르는 거야. 이렇게 하면 금속이 물이나 산소와 만나 부식되는 것을 어느 정도 막을 수 있지."

"예뻐 보이라고 페인트칠을 하는 줄 알았는데, 그게 아니

 용선생의 과학 현미경

페인트는 물과 섞이는 수성 페인트, 물과 섞이지 않는 유성 페인트로 나뉘어. 그중 금속의 부식을 막기 위해서는 유성 페인트를 사용해.

▶ **에펠탑** 1889년 프랑스 파리에 세워진 철탑으로, 페인트와 기름을 칠해서 부식을 막아.

었군요?"

"물론 아름답게 보이기 위한 목적도 있지만, 금속에 페인트를 칠하는 가장 큰 이유는 부식을 막기 위해서야. 그래서 자동차나 비행기, 배를 만들 때에도 반드시 페인트를 칠하지. 혹시 프랑스 파리에 있는 에펠탑 본 적 있니?"

"네! 텔레비전에서 봤어요!"

"에펠탑은 철로 만든 건축물인데, 보통 7년마다 한 번씩 페인트와 기름을 칠해서 부식을 막는다고 해."

그러자 장하다가 벌떡 일어나며 말했다.

"선생님, 그럼 녹슨 계단 난간에 저희가 페인트칠을 하면 어떨까요?"

"맞아요! 그러면 부식도 안 되고 예쁠 것 같아요!"

다른 아이들도 모두 일어나 한마디씩 거들었다.

"하하, 좋았어. 그럼 페인트를 구하러 나가 볼까?"

"야호! 수업 끝!"

핵심정리

금속 표면에 기름이나 페인트를 칠하면 금속의 부식을 늦출 수 있어.

나선애의 정리노트

1. 금속의 부식

① 금속이 공기 중 ⓐ [　　] 나 물과 화학 반응하여 삭는 것

② 금, 은: 부식이 거의 일어나지 않음.

③ 구리, 알루미늄: ⓑ [　　] 이 보호막 역할을 하여 부식을 늦춤.

2. 부식을 늦추는 방법

① ⓒ [　　] : 금속 표면에 부식이 잘 안 되는 금속을 덧입히는 것

② ⓓ [　　] : 여러 종류의 금속을 높은 온도에서 녹인 뒤 섞어서 만든 새로운 금속

③ 금속 표면에 ⓔ [　　] 나 기름을 칠함.

ⓐ 산소 ⓑ 녹 ⓒ 도금 ⓓ 합금 ⓔ 페인트

 **과학퀴즈 달인을 찾아라!**

●정답은 115쪽에

01

친구들이 이번 시간에 배운 내용에 대해 이야기하고 있어. 옳으면 O, 옳지 않으면 X를 표시해 줘.

① 금으로 만든 유물은 산소나 물과 거의 반응하지 않아서 부식이 잘 돼. ( )

② 자유의 여신상은 구리의 녹 때문에 푸른색이 됐어. ( )

③ 도금을 하면 부식이 잘 일어나. ( )

02

아래에 금속의 부식을 막는 여러 가지 방법이 있어. 오른쪽 칸에서 각각의 방법을 찾아 동그라미로 표시해 봐.

금속 표면에 다른 금속을 덧입혀.
① _____

서로 다른 금속을 섞어 새로운 금속을 만들어.
② _____

금속 표면에 칠해서 물과 산소를 차단해.
③ _____

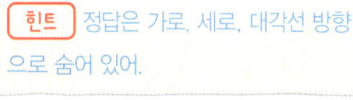 정답은 가로, 세로, 대각선 방향으로 숨어 있어.

전	과	산	합
기	학	금	화
도	카	광	택
금	페	인	트

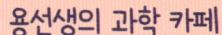

https://cafe.naver.com/yongyong

용선생의 과학 카페

과학계의 핵인싸,
용선생의 과학 카페에
오신 걸 환영합니다.

Log in

MENU

물리면 아프다
화학이 화하하
생물 오징어
지구는 둥글다

산소를 발견한 과학자는 누구?

 오늘은 서로 자신이 산소의 발견자라고 주장하는 과학자 두 분을 모셨습니다. 프리스틀리 씨와 라부아지에 씨, 안녕하세요?

 산소의 발견자는 바로 저, 프리스틀리입니다. 정확히 1774년 8월 1일에 발견했죠.

 오! 날짜까지 기억하시는군요. 그날 무슨 일이 있었나요?

 제가 커다란 돋보기로 햇빛을 모아 산화 수은을 연소시켰더니 수은과 함께 웬 기체가 생겼는데 그게 산소였습니다. 이게 바로 그 역사적인 장면입니다.

 흠흠, 그 기체에 산소라는 이름을 붙인 사람이 바로 저, 라부아지에입니다.

 하지만 산소의 성질은 제가 알아내지 않았습니까?

 산소의 성질을 알아내셨다고요?

 네. 그 기체를 그릇에 모아 놓고 촛불과 쥐를 넣었더니 촛불이 활활 타고 쥐도 활발히 움직였어요. 또 기체를 제가 직접 마셔 보니 기분이 좋아지더라고요. 이런 건 라부아지에도 몰랐을 겁니다.

▶ **프리스틀리의 실험**
프리스틀리는 산소가 담긴 유리 그릇 안에 촛불과 쥐를 넣어 보았어. 처음엔 촛불이 활활 타고 쥐도 활발히 움직였지만, 시간이 지나자 촛불은 꺼지고 쥐는 죽었어.

장하다의 오답을 피하는 방법
나선애의 야무진 실험실
왕수재의 아는 척 과학교실
허영심의 별 헤는 밤
곽두기의 빅뱅 따라잡기

 당신이 아주 좋은 관찰을 해낸 건 인정합니다. 하지만 과학은 관찰이 끝이 아니에요. 저는 산소의 무게와 부피를 정확히 계산해 냈고, 공기 중에 산소가 차지하는 부피가 $\frac{1}{5}$이라는 사실도 알아냈다고요. 이런 엄청난 실험 장비들을 가지고 말이죠!

◀ 라부아지에의 실험 장비

 그래도 최초 발견자는 나야, 나!

 아니야! 나야, 나!

 정말 막상막하로군요. 도무지 어느 편을 들어야 할지 모르겠네요. 진정한 산소의 발견자가 누구인지는 여러분이 판단해 보시기 바랍니다. 감사합니다.

COMMENTS

 난 프리스틀리가 산소의 최초 발견자라는 데 한 표.
└ 난 라부아지에에 한 표.
└ 난 내가 과학반의 산소 같은 존재라는 데 한 표!

가로세로 퀴즈

산화와 환원에 관한 가로세로 퀴즈야. 빈칸을 채워 봐.
띄어쓰기는 무시해도 돼.

가로 열쇠	① 피가 난 상처에 바르면 산소가 생겨서 상처를 소독해 주는 물질 ② 어떤 물질과 반응하려고 하는 성질 ③ 다른 물질을 환원시키는 물질 ④ 물질이 산소를 얻는 반응 ⑤ 연소의 세 가지 조건은 탈 물질, 발화점 이상의 온도, ○○ ⑥ 산화란 어떤 물질이 산소와 만나 ○○하는 것 ⑦ 부식이란 ○○이 산소나 물과 만나 녹이 슬어 점점 없어지는 것 ⑧ 연료가 산소와 만나 완전히 연소되어 이산화 탄소와 물이 되어 날아가는 현상
세로 열쇠	❶ 물질이 산소를 잃는 반응 ❷ 다른 물질을 산화시키는 물질 ❸ 연소의 조건 중에서 하나 이상의 조건을 없애 불을 끄는 것 ❹ 어떤 물질에 불이 붙기 시작하는 온도 ❺ 산소가 부족한 곳에서 연소할 때 이산화 탄소, 물, 그을음 외에 생기는 또 하나의 물질 ❻ 여러 종류의 금속을 높은 온도에서 녹인 뒤 섞어서 만든 새로운 금속 ❼ 종이, 나무, 석유 같은 탈 물질

●정답은 115쪽에

교과서 속으로

초등 6학년 1학기 과학 | 여러 가지 기체

산소에는 어떤 성질이 있을까?

- **산소의 성질**
  - 산소에는 색깔과 냄새가 없다.
  - 산소는 다른 물질이 타게 하고, 철을 녹슬게 한다.

- **산소의 쓰임새**
  - 산소는 우리가 숨을 쉴 때 필요하므로 잠수부나 소방관이 사용하는 압축 공기통, 응급 환자의 산소 호흡 장치, 산소 캔 등에 이용된다.

 산소는 이곳 저곳 쓰임새가 많네.

초등 6학년 1학기 과학 | 여러 가지 기체

이산화 탄소에는 어떤 성질이 있을까?

- **이산화 탄소의 성질**
  - 이산화 탄소에는 색깔과 냄새가 없다.
  - 이산화 탄소는 물질이 타는 것을 막고, 석회수를 뿌옇게 만든다.

- **이산화 탄소의 쓰임새**
  - 이산화 탄소는 소화기, 드라이아이스, 탄산음료의 재료로 이용된다.

 소화기에도 콜라에도 이산화 탄소가 들어 있대.

초등 6학년 2학기 과학 | 연소와 소화

물질이 탈 때 어떤 일이 생길까?

- **연소의 조건**
    - 물질이 탈 때에는 빛과 열이 생기고, 물질의 양이 변하기도 한다.
    - 물질이 산소와 빠르게 반응하여 빛과 열을 내는 현상을 연소라고 한다.
    - 연소가 일어나려면 탈 물질, 산소, 발화점 이상의 온도가 필요하다.

- **연소로 생긴 물질**
    - 초가 연소하고 나면 물과 이산화 탄소가 생긴다.

 연소의 세 가지 조건 중 하나라도 없으면 연소가 일어나지 않아!

초등 6학년 2학기 과학 | 연소와 소화

불을 끄려면 어떻게 해야 할까?

- **소화**
    - 연소의 조건 중에서 한 가지 이상의 조건을 없애 불을 끄는 것

- **소화 방법**
    - 탈 물질을 없애거나, 산소 공급을 막거나, 발화점 아래로 온도를 낮춘다.
    - 탈 물질에 따라 소화 방법은 다르다. 나무로 생긴 불은 물로 끌 수 있지만, 기름이나 전기로 생긴 불은 소화기나 모래를 써서 끈다.

 불이 타는 건 연소, 불을 끄는 건 소화!

찾아보기

가마 83-88, 92
가열 16-17, 21, 47
갈변 30-31, 38, 40
결합 13-15, 17-19, 22, 27, 34, 37, 49, 53-54, 66, 69, 86-87, 89-92
고려청자 82-83, 85, 87-88, 91-92
공기 12, 17-18, 27, 30-31, 35, 41, 49-50, 56, 58, 61, 64-65, 69, 72-76, 79, 83-84, 87, 90, 97-98, 109
과산화 수소 35-38
구리 16-22, 88, 98-101, 106
그을음 26-29, 37-38, 70-72, 75-76, 85, 92
금속 16, 21, 86, 96-106
녹 13-14, 22, 32, 40, 86, 96-101, 104-106
도금 101-104, 106
라부아지에 108-109
마찰 45-48
반응 13, 15, 18, 20, 22, 50, 58, 87, 97
반응성 15, 27, 29, 35, 38, 87
발화점 47-48, 50-51, 53-56, 58, 61
부식 97-106
불완전 연소 70, 72, 75-76, 85-86, 92
산소 12-22, 24-27, 29, 31, 33-38, 40-41, 49-54, 56-58, 61, 65-66, 68-72, 75-76, 78, 82, 84, 86-92, 97-98, 100, 104, 106
산화 반응 13-15, 19-22, 27-38, 40-41, 49-50, 78, 97, 99-100
산화 수은 108
산화제 36-38, 50-51, 58, 91
석회수 16-18, 67-68
소독 34-36, 38
소화 54, 56-58, 61
수소 68, 70, 76, 78-79
스테인리스강 102-103
알루미늄 41, 99-100, 106
연기 71-73
연료 45, 58, 60-61, 68-69, 76, 78-79, 86
연소 50-54, 56-58, 61, 65-76, 78, 84, 92, 108
열 14, 32, 34, 38, 45, 47, 50, 53, 58, 61, 103
염화 코발트 종이 66-67
온도 21, 46-48, 50-51, 54-56, 58, 61, 83, 102, 106
완전 연소 68-70, 72, 76, 86, 92
이산화 탄소 18-19, 27, 40-41, 55-56, 68-72, 76, 78, 85, 87-88, 92
일산화 탄소 70-72, 75-76, 86-92
제철소 20-21, 90-91
철 13-14, 20-22, 32-34, 38, 41, 86-88, 90-92, 96-98, 100-105
초 49, 53-55, 58, 64-66, 68-69, 71, 75
촛불 49-50, 53-56, 64, 66, 72-73, 108-109
탄소 16-21, 27, 36-37, 68, 70, 76, 78
파라핀 53-54, 65-66, 68
페인트 104-106
프리스틀리 108-109
합금 102-104, 106
헤모글로빈 89-92
화학 반응 13, 97, 106
환기 65, 69, 72, 90
환원 반응 15-16, 18-22, 88-89
환원제 91-92

퀴즈 정답

1교시

01   ① O   ② X   ③ O

02

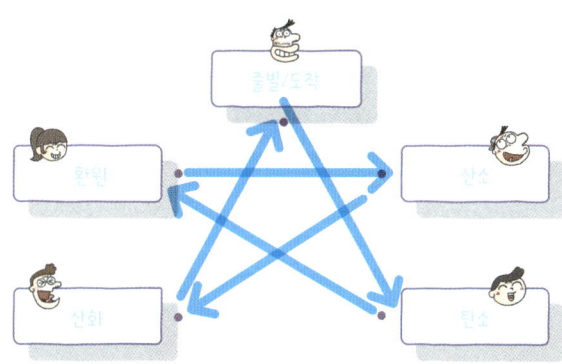

2교시

01   ① O   ② O   ③ X

02

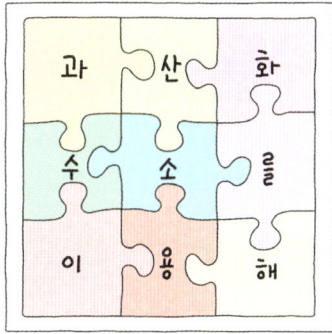

3교시

01   ① O   ② X   ③ X

02

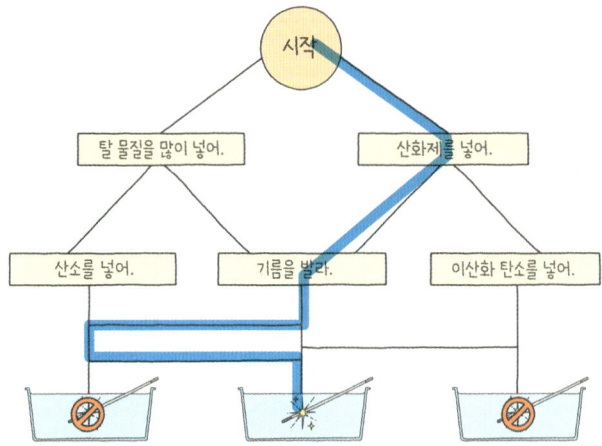

4교시

01   ① X   ② X   ③ O

02

□에 들어갈 숫자를 순서대로 누르시오.

힌트1 연료가 완전 연소되면 물과 [이]산화 탄소가 생겨.
힌트2 연소 장치에는 공기가 잘 흐르도록 [구]멍이 뚫려 있어.
힌트3 불완전 연소하면 물과 이산화 탄소 말고도 그을음이나 [일]산화 탄소 같은 물질도 생겨.
힌트4 연소 후에 생긴 물은 염화 코발트 종[이]를 붉은색으로 변하게 해.

👍 알았다! 암호는 [이][구][일][이] (2 9 1 2)야!

5교시

01 ①✗   ②○   ③○

02

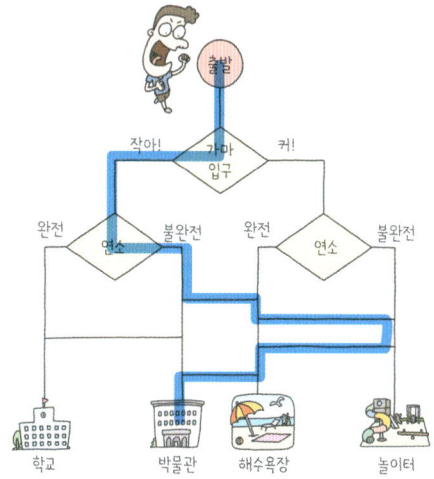

6교시

01 ①✗   ②○   ③✗

02 ①도금   ② 합금   ③페인트

전	과	산	합
기	학	금	화
도	카	광	택
금	페	인	트

가로세로 퀴즈

					①과	②산	화	수	③소
❶환									
원						화			화
❷반	응	성		③환	원	제			
응									
			❹발				❺일		
		④산	화	반	응		⑤산	소	
			점				화		
❻결	❻합						탄		
	⑦금	속		⑧완	전	❼연	소		
						료			

일러두기
- 맞춤법과 띄어쓰기는 국립국어원에서 펴낸 《표준국어대사전》을 따랐습니다.
- 과학 용어 표기는 《2015 개정 교육과정에 따른 교과용도서 개발을 위한 편수자료Ⅲ 기초과학, 정보 편》을 따랐습니다.
- 이 책에 실린 사진은 저작권자로부터 사용 허가를 받았습니다. 저작권자와 접촉하기 위해 최선을 다했으나 불가피한 사정으로 사용 허가를 받지 못한 일부 사진에 대해서는 저작권자와 연락이 닿는 대로 게재 허락을 받고 사용료를 지불하겠습니다.
- 이 책에 실린 그림의 저작권은 별도의 표기가 없는 한 사회평론에 있습니다.

사진 제공
10-11쪽: Rapt.Tv(Alamy Stock Photo) | 16쪽: 북앤포토 | 17쪽: 북앤포토 | 24-25쪽: Larissa Veronesi/Westend61(Photononstop) | 28쪽: NASA | 29쪽: 국립중앙박물관, 독립기념관 | 31쪽: 북앤포토 | 32쪽: 북앤포토 | 33쪽: 북앤포토 | 35쪽: 북앤포토 | 47쪽: 북앤포토 | 49쪽: 북앤포토 | 51쪽: 북앤포토 | 54쪽: 북앤포토 | 55쪽: 북앤포토 | 57쪽: 북앤포토 | 60쪽: 연합뉴스 | 61쪽: LaesaMajesta(wikimedia commons_CC4.0) | 66쪽: 북앤포토 | 67쪽: 북앤포토 | 75쪽: 북앤포토, Zoonar GmbH(Alamy Stock Photo) | 86쪽: 퍼블릭도메인 | 87쪽: 국립중앙박물관 | 88쪽: 퍼블릭도메인 | 94-95쪽: 국가유산청 국가등록문화유산 경의선 장단역 증기기관차 | 97쪽: ChernorizetsHrabar(wikimedia commons_CC4.0) | 99쪽: 픽사베이, 북앤포토 | 102쪽: 퍼블릭도메인 | 108쪽: 퍼블릭도메인 | 109쪽: Rama(wikimedia commons_CC2.0) | 그 외: 셔터스톡

용선생의 시끌벅적 과학교실 | 산화와 환원

1판 1쇄 발행	2019년 12월 20일
1판 8쇄 발행	2025년 2월 24일

글	천지혜, 설정민, 김형진, 이명화, 이현진
그림	김인하, 뭉선생, 윤효식
감수	노석구
캐릭터	이우일

어린이사업본부	이승필
책임편집	최미라
편집	정세민, 이명화, 홍지예, 김미화, 최예리, 윤성진
마케팅	윤영채, 정하연, 안은지, 박찬수
경영지원본부	나연희, 주광근, 오민정, 정민희, 김수아, 김승현
아트디렉터	강찬규
디자인	가필드
사진	북앤포토

펴낸이	윤철호
펴낸곳	(주)사회평론
전화	02-326-1182
팩스	02-326-1626
주소	03993 서울시 마포구 월드컵북로6길 56 사평빌딩
출판등록	1993년 10월 6일 제 10-876호

© 사회평론, 2019

ISBN 979-11-6273-069-0 73400

- 이 책 내용의 일부나 전부를 다시 사용하려면 저작권자와 사회평론의 동의를 받아야 합니다.
- 잘못 만들어진 책은 바꾸어 드립니다.

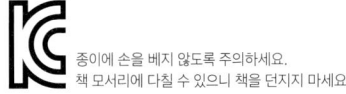

종이에 손을 베지 않도록 주의하세요.
책 모서리에 다칠 수 있으니 책을 던지지 마세요.